JN410082

행복한 그림

안정현 수필집

교음사

책 머리에

등단한 세월이 8년이 되었다.

그동안 모아 놓은 글들을 한 권의 책으로 묶어야 한다는 마음을 품고 머리말을 쓰려 하니 두렵고 떨림이 밀려온다.

십여 년 전 남편이 세상을 떠나고 가족들이 직장으로, 학교로, 유치원으로 가면 나만의 시간이 허전하여 좋아하는 일을 찾아야겠다는 의지 속에 입소문으로 평생교육원 수필반에 입문하게 되었다.

학생 시절과 젊은 시절에 문학이 좋아서 책을 손에서 놓지 못하고 살았건만 결혼 후, 남편의 사업 실패로 수십 년 동안을 가장으로 살아야 했기에 신문 읽을 여유조차 없었다.

하지만 바쁜 삶 속에서도 일기는 꾸준히 써 왔다. 잠자리에 누웠다가도 어떤 명상이 떠오르면 일기장 속에 끄적이곤 하였다. 일기장 속에 있는 것들이 수필을 쓰는데 추억거리가 되어 많은 도움이 됐다.

현재는 나만의 시간이 넘쳐난다. 수필로 등단하면서 『운현수필』 동인으로 합류하여 동인지에 실렸던 것과 별도로 써 모은 수필이 한 권의 책으로 엮어 보려고 하고 보니 부족함이 많아서 부끄러운 마음이

가득히 밀려든다.

작은 재능이지만 살아온 흔적을 글로 표현하여 남길 수 있다는 것만으로도 기쁨이 아닐까? 머리말을 쓰고 있는 중 거실 한쪽에 놓인 큼직한 화분에 핀 짙은 체리 핑크색의 꽃송이에 눈을 맞춘다. 축하라도 해주는 듯 예쁜 모습으로 활짝 피어 웃고 있지 않은가!

오늘이 있기까지 이끌어 준 권남희 선생님과 운현수필 동인들께 감사하는 마음이다. 특별히 아들과 며느리에게 감사하다. 컴퓨터에 입력해 주고 메일을 보내주는 것은 아들과 며느리의 몫이었다. 특별히 직장생활하면서 살림을 온전히 맡아서 하고 있는 며느리 미선에게 고맙고, 감사하다. "미선아 사랑한다."

인생은 60세부터라는 말이 있다. 건강이 허락하는 한 멈추지 않고 수필을 쓰고 싶다.

2020년 6월

저자 안정현

안정현 수필집

행복한 그림

1. 재봉틀

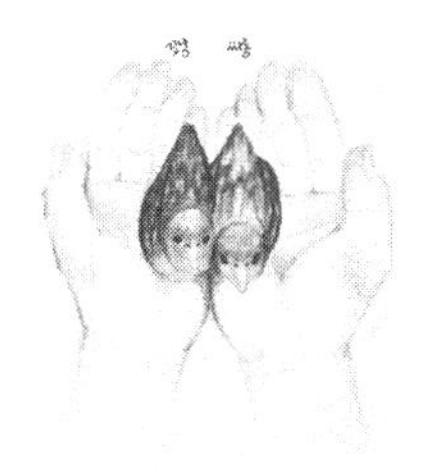

2. 행복한 그림

3. 선물 받은 눈물

4. 추억의 여인들

5. 왜였을까?

1

재봉틀

내 삶 속에 가장 큰 버팀목 역할을 해준 우리집 고물 재봉틀을 추호도 바꾸고 싶은 생각은 없다. 나의 눈물을 씻어주었고, 용기를 주었고 희망과 기쁨과 감사와 행복을 안겨 주었기 때문이다.

'일하기 싫거든 먹지도 말라, 게으른 자에게는 가난이 도적같이 임한다.'는 성경 말씀은 나에게 큰 교훈이 되었다.

정류장

남편이 2009년 여름 대학병원에서 신장암 수술을 받았지만 3개월 후에 다시 재발하였다. 수십 번의 방사선 치료를 받았는데 속수무책이었다. 수술을 맡았던 의사는 수술이 아주 잘 되었다고 하더니 재발 후에는 희귀암이라서 완치가 힘들다는 결론이다. 결국에는 일어서지도 앉지도 못하고 화장실 출입을 할 수 없게 되었다. 간병을 하던 나는 기진맥진하여 쓰러지기 직전까지 이르게 되었다.

2개월 전 노처녀 딸의 결혼 준비를 위하여 가까운 거리에 있는 그릇 도매상을 가는 중에 5층 건물에 원색 찬란한 현수막에 '따스한 봄날처럼'이라는 노인 요양병원이 눈에 띈다. 생소한 간판이다. 남편의 병시중을 하면서도 한 번도 생각해보지 않았던 일이기에 더욱 어색하게 느껴졌는지 딸의 늦은 결혼의 기쁨도 잠시 우리의 삶 속에는 희비가 상존하고 있음을 실감한다. 지친 나의 모습을 보면서 남편의 표정은 더욱 좌절과 절망의 늪으로 가라앉는 듯했다.

따스한 봄날처럼의 그 간판이 생각났다. 남편에게 물어보았다. 요양병원으로 가는 것이 어떻겠냐고, 그의 눈 그늘 속에는 처절함이 역력해 보인다. 묵묵부답이다. 결단을 내릴 수밖에 없었다.

요양병원에 가서 상담한 후에 구급차가 왔다. 안방에서 휠체어에 태워져 나가던 날 남편은 4살짜리 손자를 바라보면서, 저것이 보고 싶어서 어떻게 하느냐고, 안 가면 안 되겠느냐고 눈물이 그렁그렁하면서 떠나갔다. 다행히 가까운 거리에 있어 매일 다니면서 지켜볼 수 있었다.

며칠 지난 후에 지금도 집에 가고 싶으냐고 물어보았다. 머리를 도리질 치며 아니라고 한다. 의사와 간호사가 있고 든든한 남자 간병인이 있으며 통증이 오면 치료해 주기 때문에 안정감이 드는 듯했다.

간병인은 모두가 조선족 교민들로 구성되어 있다. 남편 옆 침대에 누워 있는 환자는 종로경찰서에서 평생을 보낸 분인데 이곳에 온 지 3년이 넘었단다. 시선이 마주치기라도 하면 예리한 눈빛이 계속 주시하는 바람에 민망스러워 시선을 피해야만 했다. 말도 못하고 온몸이 마비된 상태에서 숟가락질만 간신히 한다. 그의 직업의식이 예리한 눈빛 속에 잠재해 있는 듯했다.

남편을 입원시키던 날 이곳의 모습들이 너무도 생소하여 거부감 같은 것들이 꿈틀거렸다. 늦봄을 보내고 한여름을 지나 가로수의 찬란하던 채색옷마저 떨어져 뒹구는 거리를 수없이 오가는 동안, 나라는 존재도 낙엽과 같이 쓸모없는 존재가 되었을 때는 이런 곳에 와서 머물다 가야 하는 것이 아닌가 하는 생각이 들었다.

내가 남편에게 해줄 수 있는 것은 며칠에 한 번씩 손톱, 발톱 깎아주는 것과 물수건으로 얼굴을 닦아주고 마비된 손을 주물러 주는 것뿐이었다. 수십 년을 함께한 남편에게 할 수 있는 것은 이것뿐이었다.

남편은 이곳에 오면서 완전 어린아이같이 변했다. 대학병원에서 수술할 때와 방사선 치료할 때에 광란에 가깝도록 신경질적이던 모습은 찾아볼 수 없고, 다섯 명이 누워 있는 방에서 가장 모범생 같은 착한 사람이다. '어린아이와 같이 되지 않고서는 천국에 갈 자가 없다.' 하신 성경 말씀이 있어 가슴 저려오는 감사가 있었다.

하루는 병실에 있는데 밖에서 소리 지르는 큰소리와 함께 발자국 소리가 요란하여 나가 보았다. 바로 옆방 80이 넘은 치매 할머니가 지르는 고함소리다. "XX 같은 년아 왜 남의 것을 훔쳐 가느냐고…." 간병인이 뛰어 달아난다. 내용인즉 다용도실에 있는 대형 냉장고를 자기 것으로 착각하고 있단다. 키가 크고 활동적으로 생긴 할머니는 평생 식당을 운영했는데, 과거의 직업의식 속에 머물러 사는 듯했다.

김장철이 다가오면서 얼마 전에도 장례준비를 예시하던 일이 생각나 김장을 서둘렀다. 김장하는 날엔 병원에 가지 못하고 다음 날 들렀더니 간호사가 웃으면서 할아버지가 자기가 이곳에 와 있는 것을 가족들이 모르고 있는 것 같으니 전화 좀 해 달라고 했단다.

남편은 내가 옆에 있으면 안심이 되고 평안한 모양이다. 병원에 가면 하루의 일과를 보고한다. 김장한 이야기를 하면서 양념거리를 다듬어 주고 간을 보아 줄 사람이 이렇게 이곳에 와서 누워만 있으니 나 혼자서 늦게야 끝냈다며 "내년 김장은 집에 가서 도와줄 거지?"라고 농담 삼아 이야기했다.

남편의 대답인즉, 이젠 다 틀렸어. 힘없는 한숨 섞인 말을 토하고 눈을 힘없이 감는다. 12월, 겨울 문턱에 들어서면서 찬바람이 몸도 마음도 시리게 한다. 외출에서 돌아오던 날 아버지를 중환자실로 옮겼다는 아들의 전화다.

그 순간 불과 이틀 전에 생을 체념한 듯하던 남편의 얼굴 이 뇌리에 안개처럼 피어오른다. 서둘러 중환자실로 가보았다. 산소호흡기, 링거줄, 소변줄을 달고 있다. 혈압이 최저로 떨어졌단다. 혀는 둥글게 말려 있고 눈동자는 허공에 머물러 있다. 손을 잡으며 내가 누구인지 아느냐고 물었더니 눈을 깜박이며 대답을 대신한다.

남편의 옆 침대에는 96세 된 할머니가 누워 있다. 정신을 잃지 않게 하려고 수시로 간호사가 와서 할머니에게 여러 자녀의 이름을 물어본다. 모두 잊어버리지 않고 있다면서 안심하고 나가고 나면 할머니는 한 손을 허공에 들어 올려 누구의 손이라도 붙들고 싶은 양 어머니, 어머니를 힘없는 목소리로 계속 외운다. 자식들의 이름은 한 번도 부르지 않는다. 오직 어머니만을 되뇔 뿐이다. 어머니란 존재는 신을 대신하는 존재인 듯하다. 그 할머니도 지금쯤은 그렇게 간절히 부르던 어머니 곁으로 가셨겠지?

중환자실에는 수시로 빈 침대가 생긴다. 내일이면 또 누구입니까.

겨울밤 찬바람 속으로 한마디의 말도 남기지 못하고 떠나간 이여.

세상을 떠나기 전 한 번 들러야 하는 이별의 정류장이 아닌 만남의 정류장이 되기를 바란다.

(2012. 2)

이별의 순간 그 눈동자

십수 년 전이다. 아침에 거실로 나가보니 강아지가 보인다. 아들이 자기 친구가 선물로 데려왔다 한다. 손녀가 네 살 정도였으니 강아지를 좋아할 것을 알고 데려온 것이다. 나는 강아지를 보는 순간 절대로 애완동물은 키우지 않을 거라면서 안방으로 들어가 누워 버렸다.

4층 건물 옥상 공간이 넓어 남편이 직접 만들어 놓은 큼직한 개집이 한쪽에 놓여 있었다. 나는 개 이름을 '쫑'이라고 지어 주었다. 어린 시절 고향집에서 기르던 개 이름이 주로 수캐는 쫑이라 불렀고 암캐는 메리라고 불렀기 때문에 그것도 하나의 향수이리라.

며칠 전 이름만 들어도 알 수 있는 연예인의 애완견이 유명 한식 식당 주인을 물어 입원 중 수일 만에 사망했다는 보도가 전해지면서 반려동물 천만시대를 도래하고 있는 사회 속에 화젯거리가 이만저만이 아니다. 목줄이나 입마개를 하지 않은 반려견 소유주를 신고하면 포상금을 지급한다고 신문에 보도되었다. 개 주인의 철저한 페티켓이 지켜져야 할 것이다.

우리집 쫑은 검정색 얼룩무늬 큼직한 개였다. 아래층에는 사무실로 되어 있어 가끔, 사무실 직원들이 올라오기 때문에 항상 목줄을 매어놓는다. 강아지에서 성견으로 수년이 되었을 때 개 짖는 소리가 시끄럽다고 경비실에 민원이 들어와 친척 집으로 보내야 했다.

목줄에 매여 끌려가는 쫑을 4층에서 내려다보고 있는 동안 건물에 가리어 보이지 않을 때까지 우리 쪽을 향하여 울음 섞인 소리로 짖어대고 있었다. 보내지 말라는 몸부림인 듯싶었다. 그렇게 쫑과의 인연이 끝나면서 허전하여 고양이를 기르게 되었다.

고양이는 자기 집을 찾아가지 못하고 헤매는 듯 4층까지 올라와 있는 다 큰 고양이다. 집고양이라 조금도 낯가리지 않고 잘 따른다. 가족들에게 많은 사랑을 받은 듯한 모양새다. 잠잘 때에는 내 옆에 와서 잔다. 얼마간 정들이며 살았는데 남편이 고양이를 싫어하는 눈치다.

하루는 재래시장 건어물 가게에 들렀더니 쥐들 때문에 많은 손해를 보고 있다는 주인의 말이다. 우리집 고양이 생각이 났다. 건어물집 주인에게 자초지종을 이야기하면서 우리집 고양이를 데려다 길러 보겠느냐고 했더니 반색을 한다. 그날로 목줄을 매어 고양이를 건어물집에 데려다주었다.

며칠 후 궁금하여 가게에 들러 주인 여자와 고양이의 안부를 묻고 있을 때 '야옹~' 고양이 소리가 들리면서 가겟집 마루 밑에서 나오는 것을 보면서 신기하다고 했다. 밥 먹는 시간 외에는 저렇게 나온 적이 없는데, 내 목소리를 듣고 반가워서 나온 것이란다.

잠시 안아주면서 말 못 하는 동물들에게도 예민한 감수성이 잠재하고 있음을 알 수 있었다.

목동 연립주택에서 살 때다. 연립주택의 전성기 목동 아파트가 세워지기 전이다. 큰언니 집에서 기르던 애완견 '뽀삐'를 기른 적이 있다. 연갈색의 크지도, 작지도 않은 귀여운 개였다. 뽀삐는 개의 수명으로 중년을 훌쩍 넘긴 노년이었다.

뽀삐가 온 후로는 화장실 문을 드나들 만큼 항상 열려 있었다. 대소변으로 신경 쓰게 하지도 않았다. 가족들이 올라오는 발자국 소리가 나면 현관문으로 달려가서 기다려 준다. 개들은 자기 영역을 침범하거나 자기보다 상대가 약하다고 생각되면 잠재되어 있는 공격 본능을 드러낸다. 뽀삐와 같이 순둥이 애완견은 예외겠지만….

아들이 결혼하면서 며느리와 함께 살고 있을 때다 기다리던 며느리의 임신을 알게 되면서 뽀삐의 문제가 거론되었다. 물론 중요한 쪽을 택해야 한다는 결론을 내면서 뽀삐 보낼 곳을 검색해야 했다.

늙은 개를 데려다가 기를 곳은 없다. 현재와 같이 인터넷으로 찾을 수도 없는 세태에서 입소문으로 교회 금요일 구역예배 때에 버리는 개들을 받아주는 전문적인 곳을 전언으로 알게 되었다. 물론 온 가족의 동의로 이루어지는 것이기 때문에 서둘러야 했다.

털 가진 동물과 임산부가 함께 한다는 것이 의학적으로도 해롭다는 결론이기 때문에 서둘러야 했다. 구역예배를 마치고 집에 돌아와 뽀삐에게 목줄을 매어 밖으로 나섰다. 아려오는 마음을 누르며 걸어가는 나의 발걸음이 흔들린다. 아무것도 모르는 뽀삐는 기분 좋은 표정으로 잘도 따라온다. 뽀삐와의 정들어 온 사연들이 가슴으로 파고든다.

기분 좋게 따라오던 뽀삐가 목적지에 도착한 후 낯설어서일까? 아니면 어떤 예감 때문일까? 움직이질 않으려 한다. 문을 열고 안고서 들어갔다. 주인이 개장 속으로 밀어 넣는 순간 내 눈과 마주쳤다. 뽀삐와의 마지막 순간의 눈빛! 무엇으로 어떻게 표현할까. 그 순간 뽀삐의 동공이 어제 일인 양 추억의 변두리에 생생하게 남아 있다.

일산 집으로 이사하면서 마음 붙일 곳이 없을 때였다. 외출에서 돌아오는데 개 짖는 소리가 들린다. 개 짖는 소리까지도 반가웠다. 소리 나는 쪽으로 가보았더니 흰색의 큼직한 진돗개가 낯설은 양 날 보고 또 짖는다.

한쪽에서는 건축하는 인부들이 일하고 있다. 인부에게 개 이름을 물었다. '진돌'이라고 알려준다. 친해지고 싶은 생각이 마음 한쪽을 파고든다. 개집이 있는 한쪽에 건축자재가 쌓여 있는 것을 보면 자재를 지키기 위해 데려다 놓은 듯 보였다. 추석 명절을 보내면서 가족들이 모두 나간 후 먹다 남은 불고기며 전 부침을 가지고 진돌이에게 가보았다.

불고기 냄새를 맡은 진돌이가 짖지를 않는다. 밥그릇 옆에 먹을 것을 풀어 주었더니 꼬리를 흔들어 댄다. 먹는 동안 머리를 쓰다듬어 주고 만져 주어도 기분 좋은 모습이다. 며칠을 그렇게 길들이고 보니 친숙한 사이가 되었다.

하루는 외출해서 돌아오는 길인데 단지 입구에 들어서자 수십 미터 떨어진 곳에서 진돌이가 마중을 나온다. 내 가방 속에는 진돌이의 먹잇감이 항상 들어 있었다. 밖에 나가면 멀리 떨어져 있는 곳에 있다가도 기다렸다는 듯 나에게로 다가온다.

어느 날 집에 들어오는 출입문 앞까지 따라와서 물끄러미 나를 바라보고 서 있었다. 그날이 진돌이와의 마지막 이별의 순간이 될 줄은 몰랐다. 건축이 완공되면서 건축업자들이 철수하였고 진돌이도 원래의 자기 집으로 돌아간 것이다.

지금도 밖에 나가면 진돌이가 마중 나와 줄 것 같은 착각 속에 빠져들기도 한다. 애완동물과의 이별의 순간 애원하는 듯한 서글픈 눈동자가 머릿속 한쪽에 생생히 박혀 있어 애완동물을 기르지 않기로 작심했다.

(2017. 11)

화해와 용서의 커피잔

8·15해방 직후에 농촌에는 구호물자라고 하여 구호 물품 박스가 각 가정에 배부되었다. 나중 월남 참전 시절에 군용 물품으로 나온 씨레숀 박스와 흡사한 것이었다. 부모님이 밖에 계신 틈을 타서 우리 형제들은 화롯불에 모여 앉아 박스를 뜯어보았다.

그 속에는 일본의 식민지 생활 속에서는 구경조차 할 수 없던 진귀한 알록달록 향긋한 알사탕 봉지며 초콜릿, 비스킷 어린 우리들의 눈과 입맛을 유혹하기에 충분한 것들이 들어 있었다.

그중에 봉지 하나를 뜯어보니 까만 가루가 들어 있었다. 호기심에 찬 형제들은 가루를 손가락에 찍어 맛을 보는 순간 얼굴은 울상이 되었고 모두 밖으로 뛰쳐나가 뒤뜰에 뱉어 버리고 말았다. 그 후 그것은 못 먹는 것으로 알고 모두 버렸다.

지금도 그때를 생각하면서 커피잔에 눈을 맞추고 미소를 보낸다. 못 먹겠다고 버려졌던 커피가 우리 식생활의 일부로 자리 잡고 있지 않은가….

남편이 떠나고 난 후에는 혼자서 홀짝이는 커피타임이 진정한 자유를 누리는 나만의 고독한 시간이기도 하다. 삶이란 자체를 붙잡기 위해 힘겹게 살았던 많은 날들 속에서 남편을 의지하지도, 사랑하지도 않았노라고 독백하지만, 그가 있었기에 지금의 내가 현존하고 있음을 자각하지 않을 수 없다.

남편은 '술'을 너무 사랑하는 사람이었다. 교회에는 못 나가도 술은 끊을 수 없다고 한 사람이다. 요즘 신문을 보아도 광고 매체를 보아도 주폭(酒暴)으로 인한 범죄로 국민이 불안에 떨고 있다.

며칠 전에도 오전에 버스를 타고 가는 중에 중년의 술 취한 사람이 버스에 오르면서 횡설수설 눈동자는 초점도 없이 충혈되었고 비틀거리면서 자리에 앉아 누구에게라도 시비를 걸어올 듯한 모습을 보면서 그 사람의 가족을 생각해 보았다.

우리 아이들 고등학교 때 일이다. 술에 취해 들어온 남편은 자기의 불만의 보상을 나에게서 얻으려는 듯한 모습을 보면서 무언으로 대해야만 했다. 술 취한 사람에게 대항하는 것은 폭력을 부른다는 것을 너무도 잘 알기 때문이다.

다음날 술이 깬 다음 자초지종을 이야기하고 너무 괴로웠던 순간들

그가 있었기에 지금의 내가 현존하고 있음을 자각하지 않을 수 없다.

을 지적하려고 아이들이 등교하기 위하여 나간 후에 식탁에 마주 앉아 이야기를 꺼낸 것이 발단이 되었다.

자기의 행동이나 상처준 말은 전혀 기억하지 못하고 있다. 순간 내 속에 쌓인 불만의 소리를 토해내지 않고서는 견딜 수가 없어 하고 싶었던 말을 쏟아부었다.

평생을 함께하면서 그의 양미간에 꾸겨지는 주름살을 보면서 그의 감정을 읽는다. 일그러진 얼굴을 보는 순간 '나'라는 존재도 상식의 한

계를 이탈한 것이 아닌가 하는 자책이 밀려왔다. 안방에 누운 남편의 양미간에 깊이 팬 주름은 영원히 펴지지 않을 것만 같이 보였다.

딩동… 초인종 소리가 잠시의 무거운 침묵을 흔들었다. 생각해 보니 고1 딸아이의 기말고사가 끝나는 날이란 것이 소스라쳐 왔다. 이런 꼴의 엄마 아빠의 모습을 보이고 싶지 않은 반사적인 모성애와 긴장된 순간을 탈피해야겠다는 긴박감과 용서의 순간을 가져야겠다는 순수함이 뒤범벅된 채 남편에게 "상처 주는 말을 한 거 미안해유. 모두 잊어버립시다. 유진이가 왔나 봐유…" 말꼬리를 흐리며 문 쪽으로 다가갔다.

내 키보다도 더 커버린 딸아이의 연약한 몸매를 훑고 "덥지? 시험은 잘 치렀니?" 대답을 듣기보다는 내 쪽에서 어떤 죄책감을 감추려는 양 수다를 떨어야 했다. 우리 세 식구는 아무 일도 없었던 듯이 점심식사를 마치고 남편과 나의 앞에 놓인 두 잔의 커피잔은 무언 속에 화해와 용서의 도구가 되어 주었다.

남편의 양미간 주름이 펴져 있는 것을 보면서 더욱 평온함을 느낀다. 시험에 시달린 피로와 긴장을 풀려는 듯한 유진이의 피아노 음률을 듣는다. 때때로 작고 큰 갈등 속에서도 선의의 도구가 되어 주는 커피잔에 감사하다.

(일기장에서 2013. 1)

아버지와 사냥개 메리

메리는 아버지가 애지중지하던 사냥개 이름이다.

운동을 좋아하는 아버지는 학창 시절에는 서울에서 정구를 치셨지만 졸업 후, 고향의 시골 생활에서는 운동을 할 수 있는 여건이 아니었으므로 대 농가의 감 농자로 대가족의 가장으로 살아야 했다. 중년에 접어들면서 사냥하는 엽총을 허가받아 늦가을에서 이른 봄까지는 사냥을 할 수 있었다.

모든 동물들의 번식기에는 사냥을 금하기 때문에 금기 동안에는 엽총을 면 소재 파출소에서 보관하고 있었다. 새 총은 허가 없이도 사용할 수 있으므로 젊은 시절부터 소지할 수 있었다. 새 총은 한 번에 한 마리밖에 잡을 수 없지만 엽총은 한 번에 수십 마리의 새를 잡을 수 있었다.

어릴 적 어른들 하는 농담 섞인 말에 참새 한 마리가 소등에 올라앉아 하는 말이 '네 고기 열 점보다 내 고기 한 점이 더 맛있다고 지저귄다.'는 말을 들었다. 참새고기를 뼈째 다져서 갖은양념에 계란전 부쳐 먹어 본 사람이면 그 말이 실감날 정도로 참새고기 맛은 일품이다.

사냥을 하기 위해서는 사냥개는 필수적이다. 우리집에는 사냥개 두 마리가 항상 함께했다. 쫑과 메리 같은 사냥개들은 대부분 세터와 포인터 종으로 양쪽 귀가 길게 늘어져 있고 다리가 길며 검은색이나 진갈색의 얼룩무늬가 있는 아주 영리한 개들이었다. 영국 종이라 했다.

구입해 온 강아지는 사냥을 할 수 있는 성년 개가 될 때까지 아버지의 철저한 훈련이 필요하다. 물건을 던지면 뛰어가서 물어다가 아버지 앞에 내려놓는 것을 반복적으로 시킨다.

어느 정도 자란 후에는 연못에 물건을 던진다. 그러면 물속으로 헤엄을 쳐서 물건을 물어온다. 개들은 선천적으로 헤엄치는 것을 배우지 않아도 할 수 있음을 알 수 있다.

익숙하게 훈련을 받은 개들은 사냥길에 데리고 다닌다. 아버지가 총만 메고 나서면 개들은 좋아서 어쩔 줄을 모른다. 하지만 꿩 사냥을 가실 때에는 개를 한 마리만 데리고 나선다. 여우나 늑대, 노루 사냥에는 두 마리를 데리고 가지만 꿩 사냥은 방해가 되기 때문이다.

겨울철에는 농한기라서 농사일이 별로 없으므로 머슴들은 새끼 꼬는 일과 가마니 짜는 일, 멍석 짜는 일에 주로 시간을 보낸다. 그러므로 총각 머슴 한 명은 꼭 아버지 사냥길에 망태기를 메고 따라나선다. 잡은 꿩이나 동물을 메고 다니기 위해서다.

사냥개 한 마리만 데리고 가는 날은 한 마리는 줄로 묶어 놓아야 한다. 풀어 놓으면 냄새를 맡고 쫓아가기 때문이다. 줄에 묶인 개는 눈물까지 흘리면서 울어댄다.

사냥하는 기간 동안 우리집은 꿩고기가 떨어지질 않았다. 고기가 귀한 시절이라 일하러 오는 사람들도 꿩고기 먹는 재미에 좋아했다. 꿩고기는 만두가 제일 일미다. 기나긴 겨울밤 어머니가 만들어 준 꿩고기 만두로 밤참을 먹던 시절이 추억의 그리움으로 피어오른다.

그날도 아침 식사 후 아버지는 총각 머슴과 함께 메리를 데리고 사냥길에 나섰다. 우리 남매들의 배웅 인사를 받고 가셨던 아버지가 그날따라 한낮 이른 시간에 집으로 돌아오셨다. 아버지의 핏기 없는 창백한 모습 뒤에 메리의 죽어 있는 사체가 머슴의 등에 지어져 있었다.

꿩 사냥에는 땅에 있는 꿩을 냄새로 쫓아 사냥개가 살금살금 기어가서 꿩을 튀기면 나는 꿩에 총을 쏘아 잡는 것인데 그날엔 앉아 있는 꿩에게 총을 쏘는 순간 메리가 꿩에게 달려들어 총에 맞아 죽은 것이었다. 그토록 사랑하던 사냥개 메리와 아버지와의 인연은 그런 사연 속에서 안타까움만을 남긴 채 끝나버렸다.

아버지는 당신의 실수로 인한 자책에 여러 날 동안 많이도 괴로워하셨다. 메리는 사냥길에 다니다가 아버지 친구 집에라도 들러 친구와 이야기하며 접대를 받는 동안에는 아버지의 신발을 품고 움직일 줄을 몰랐다. 그렇게 생명이 있는 동안에는 뗄레야 떼어 놓을 수 없는 사이였건만…. 메리의 사체를 보는 순간 온 가족의 슬픔은 말할 수가 없었다. 철없는 막냇동생은 소리를 내어 흐느껴 울었다.

아버지는 우리 가족 중에 가장 부지런하셨다. 매일 동이 트기 전에 들녘을 한 바퀴 돌아오셨다. 그때마다 메리와 쫑은 아버지의 호위병인 양 꼬리를 치며 따라나선다. 메리가 뒷산 언덕에 묻힌 후엔 아버지도 쫑도 메리와 함께하지 못하는 들녘을 허전함으로 거닐었을 것이다.

(2012. 5)

분이 언니

부엌 하면 생각나는 여인의 이름은 '분이'였다.

나보다 6, 7살 연상인 아가씨였다. 집이 가난하여 길러서 결혼시켜 준다는 조건으로 11살 때에 데려왔다. 아기 돌보미로 식모 아줌마 밑에서 심부름 해주는 것으로 시작하여 차츰 나이가 들면서 전적으로 부엌일을 맡아 하는 식모 아가씨로 대치되었다. 신중하면서 착하고 다정한 언니 같은 존재였다. 그런데 왜? 단 한 번도 '언니'라고 불러 주지 못했던가.

지금 생각해 보면 그런 것들이야말로 계급사회의 단면이었다. 지금에라도 만날 수만 있다면 늙어 굽어진 어깨를 끌어안고 '언니'라고 큰 소리로 불러 주고 싶음이 연민으로 다가온다.

"분이야 학교 늦겠어, 빨리 밥 줘, 물 가져와." 부엌 쪽에 대고 소리 지르면 조금도 싫어하는 내색 없이 순종해 주던 여인이다. 현시대에서는 있을 수 없는 일이다. 하지만 그 시절에는 당연함으로 받아들여지고 있었다. 사회적인 풍조의 일면이었기에 죄의식조차도 몰랐다.

지금 이 글을 쓰면서 글 속에서라도 '분이 언니'라고 불러 보련다.

우리집 식모로 거쳐 간 많은 여인들 중 오직 분이 언니만이 내 기억 속에 선명한 것은 언니라고 불러 주지 못한 죄책감과 나를 위하여 3년 가까이 이른 새벽부터 등잔을 밝혀줬던 부엌 생각에 분이 언니에 향한 그리움이 밀려온다.

중학생이 되면서 20리가 넘는 길을 걸어서 통학했다. 넓은 흙바닥 부엌에는 식사 때마다 세 개의 밥상이 차려진다. 부모님과 남동생들이 먹을 밥상, 딸들과 여인들이 먹을 밥상, 머슴들의 밥상이다. 머슴들은 여름철을 빼고는 거의 부엌에서 식사를 한다. 소 외양간 딸린 별채가 대문 밖 본채와 떨어진 곳에 있기 때문이다. 부엌 한쪽에는 머슴들이 식사 때마다 앉아서 먹을 수 있게 새끼줄로 틀어 만든 짚방석 몇 개가 놓여 있다.

애호박이 나오는 여름철이면 검은색 큼직한 무쇠솥에 들기름 듬뿍 넣고 새우젓에 간을 하여 볶아주던 호박나물 생각이 나고, 가을이면 무를 썰어 말린 새우에 갖은양념으로 볶아 쌀뜨물 부어 끓여주던 무국 생각이 간절하다.

서울에 살면서 흉내 내어 만들어 먹어 보지만 그때의 그 맛이 아니다. 음식은 많은 양을 할수록 진한 맛을 풍긴다.

부엌에서 인정이 난다는 말이 있다. 대농가인 우리집은 농번기에는 수십 명의 일꾼을 사서 며칠 건너 먹거리를 해대야 했다. 먹거리 중에 '막걸리'는 빠질 수 없는 필수적인 음료수 역할을 한다. 또한 새참이 있어 오전, 오후 식사 중간에 국수 종류로 먹을거리를 내야 한다.

분이 언니 혼자서는 어림도 없다. 동네에 사는 친척 아주머니의 손이 필요하다. 먹거리에서 바느질에 이르기까지 통달한 분이다. 나는 어머니가 차려주는 밥상을 받아본 기억이 없다.

어머니는 연약한 체질이었다. 대가족의 대소사며 대농의 내조 역할도 벅찬 일이었다. 빈혈증세로 인하여 의사의 왕진이 잦았다. 일하는 사람 없이는 결코 안 되는 현실이었다. 1년에 한두 번 농한기가 되면 분이 언니의 부모님과 동생들이 우리집에 와서 머무는 적이 있었다. 농지가 없어 일할 것이 없기 때문이다.

심리학자의 말에 의하면 '일거리가 있다는 것. 일을 한다는 것. 자체가 행복'이라고 한다. 가족들이 올 때마다 가족을 만난다는 즐거움보다 열등감과 자존심 때문에 분이 언니의 표정이 굳어졌다.

하루는 어머니와 방물장수 여인과의 대화가 심각해 보였다. 5일장이 있었지만, 방물장수가 광주리에 물감, 실, 바늘, 비누, 화장품 등 생활 용품들을 담아 이고 다니면서 거래가 되었다. 일부 여인들의 생활 수단이기도 하였다.

나중에 알고 보니 분이 언니의 중매 이야기가 오고 가는 듯싶었다.

방물장수들은 여러 마을을 돌면서 개인 집 정보를 잘 알기 때문이다.

분이 언니가 친정집에 가는 것은 추석과 설 명절 때뿐이었다. 명주 치마저고리 곱게 차려입고 먹을 것을 싸 들고 갔다가 하룻밤만 자고 돌아온다. 가난이 싫어서가 아닐까?

결혼 이야기가 있은 후에 신랑짜리가 우리집에 와서 맞선을 보고 갔다. 결혼 날짜가 정해지면서 결혼 준비로 어머니가 몹시 바빴다. 분이 언니 대신 부엌에는 6·25 피난민으로 고향에 돌아가지 못한 창진이 엄마가 대신하게 되었다.

꽃바람 살랑이던 봄날 오후 학교에서 돌아와 보니 분이 언니가 보이질 않는다. 결혼식만큼은 친정집에서 해야 한다는 어른들의 설득으로 친정집으로 갔다는 것이다. 마음이 저리도록 아프고 허전해 왔다. 십수 년을 가족으로 정이 든 여인.

추억 속에 그리움을 진하게 품고 다가오는 '언니'라고 소리 내어 불러주고 싶은, 부엌 하면 생각나는 여인이다.

(2014. 9)

생각까지도 아시고 이루어 주시는 분

교회 내에는 연령별로 남녀 여러 선교회가 조직되어 있다. 우리 교회도 6팀의 남선교회와 8팀의 여선교회가 있다. 선교회의 이름은 모두가 성경 속에 나오는 사람들의 이름으로 조직되어 불린다. 우리 사라여선교회는 68세에서 72세 연령이다. 드보라여선교회는 58세에서 62세로 되어 있다.

사라여선교 회원 41명과 드보라여선교 회원 30명을 태운 관광버스 두 대는 야외예배 목적지인 경기도 옹진군 영흥도를 향하여 달리고 있었다. 날씨는 늦은 봄과 초여름이 어우러진 화창함과 싱그러움으로 여행하기에 첩경이다.

처음 도착한 곳은 인천시에 속한 '옥구공원'이었으며 높은 고지에 바라보이는 팔각정을 향해 흙 계단을 오르고 보니 광활한 바다가 펼쳐 있고 시화공단과 원근에 있는 전경들이 그림같이 한눈에 내려다보이는 것이 장관이었다. 다시 출발한 버스는 환경문제로 하여금 말썽 많았던 시화방조제 12.4Km의 짧지 않은 거리를 달리면서 아름다운 전경들을 바라보았다.

바다는 인생의 희로애락을 모두 품어주고 포용해 줄 것 같은 넓음이 있어 모든 사람들이 좋아하나 보다. 대부도를 지나고 선제대교와 영흥대교를 지나면서 바다 한가운데 그림같이 떠 있는 무인도 섬들을 바라보면서 창조주의 작품인 대자연의 아름다움에 감격했다.

운전석 뒷자리에 앉아 안내를 맡아주신 B장로님의 농담인 쌀 세 가마짜리 무인도란 말에 회원들의 웃음이 디지기도 했다. B장로님이 아니었으면 사라 우리 회원들의 야외예배를 이렇게 평안함과 즐거움 속에서 보낼 수 있을까? 하는 감사함이 더욱 절실했다.

오전 11시 반경 목적지인 같은 교단에 속한 인천노회 '산돌교회' 수련원에 도착하였다. 수련원은 폐교된 초등학교를 교회에서 임대하여 사용하고 있었다. 넓은 운동장이며 바닷가에 위치한 건물, 아름답게 가꾸어진 정원수들과 솔밭이 있어 어느 것 하나 부족함 없는 기도원 장소였다. 김정애 전도사님의 「이루어야 할 하나님의 뜻」이란 주제의 말씀으로 도착 예배를 드렸다.

식사 후에는 '십리포 해수욕장'에 들러 우리나라에서 유일하게 이곳에서만 자생한다는 서어나무(소사나무라) 숲 그늘에 서서 길게 뻗어 나간

백사장과 물보라 치는 바다를 바라볼 수 있었다. 젊은 회원들은 바다로 달려가서 손을 적시고 오는 회원들도 많았다.

다음은 '영흥화력발전소'(한국 남동 발전 주식회사) 영흥 화력본부 견학이 있었으며 이 화력발전소는 석탄을 이용하여 전력생산을 하고 있음을 화면을 통하여 보여주었다. 우리가 알 수 없는 곳에서 국가발전과 민족번영을 위하여 많은 사람들이 애쓰며 힘쓰고, 노력하고 있다는 것을 실감했다.

다시 버스에 탑승한 우리 일행은 안내 직원의 인도에 따라 그 일대에서 가장 높은 곳에 위치한 해안 전망대에 올랐다. 사면이 완전 바다로 둘러쳐져 있었다. 안내원 말에 의하면 아주 맑은 날엔 충남 당진이 보인다는 말에 귀가 솔깃했다. 내 고향이 당진이기 때문이다.

돌아오는 길에 인천 연안부두에 들러 원숭이의 재롱을 볼 수 있었으며 경인고속도로를 따라 교회 앞에 도착한 시간은 오후 6시 반경이었다. 어느 단체이던지 임원으로 선출되면 책임감이 중하다. 특별히 회장단은 봄, 가을 야외예배 인도에 신경이 쓰인다. 장소 선택이며 먹거리 선택을 위하여 현지답사를 해야 하기 때문이다. 수십 명이 움직여야 하는 준비과정으로 긴장하고 있을 때였다.

그런 면에서 문외한인 나로서는 크나큰 중압감과 긴장감의 연속일 때였다. 드보라여선교회 회장 S권사가 나에게 '드보라와 함께 움직이는 것이 어떻겠느냐?'는 제의를 했다. 그 순간 구세주를 만난 기분이었다. S권사의 배후에는 남편인 B장로님이 계시기 때문에 모든 것을 장로님이 맡아서 주관해 주신다는 것을 알고 있었다.

물론 그 후의 모든 일정은 B장로님의 노고와 배려와 사랑이 잠재되어 추진되었다. 현지 선정이며 현지답사, 관광버스 예약, 식당 예약 모든 세밀한 것들까지도 장로님의 수고와 헌신이 개입되어 있었다. 나의 무능을 아시고 '마음의 생각과 뜻을 감찰하나니'(히 4:12)라고 하신 성경 말씀은 장로님을 통하여 모든 것을 이루어 주신 것이다.

5월 19일 목요일로 날짜를 정하고 정해진 날짜가 다가오면서 준비 과정 속에도 주님이 우리와 함께하심을 느낄 수 있었다. '마음을 감찰하시는 이가 성령의 생각을 아시나니 이는 성령이 하나님의 뜻대로 성도를 위하여 간구하심이니라'(롬 8:27)라고 하심과 같이 회원들에게 맛있는 쑥버무리 떡을 내접하기 위하여 임원들이 넉소에 있는 고려대학 농장 부지에 가서 많은 쑥을 뜯어 왔다.

네 사람의 임원진들은 동역자인 신뢰감과 사랑을 품고 보배로운 추억을 가슴에 담아 올 수 있었다. 야외예배 날 쑥떡이 너무 맛있다고 어떤 분은 이제까지 먹어 본 떡 중에서 가장 맛있었다는 말을 들을 때, 물론 듣기 좋으라고 과장이 있었겠지만, 노력의 대가와 주는 자의 복이 생각났다.

또한 말씀 중에 '모든 사람을 존중하되 하나님의 사람들에게 특별한 사랑을 주라'(벧전 2:17)라는 말씀이 있어 더욱 보람을 느꼈다. 회원들 중에는 계단에서 넘어져서 다리를 다친 두 분이 참석해 주었다. J권사는 깁스한 다리를 이끌고 참석해 주었고, O집사 또한 도저히 참석할 수 없다는 전언이었다. 그런데 O집사가 밝은 표정으로 참석해 주어 감사했고 유례없이 많은 인원이 참석해 주어 감사할 수 있었다. 드보라 회원들의 표정 속에서도 만족함을 읽을 수 있었다.

나의 무능과 부족함을 아시는 분의 섭리에 무한 감사하면서….

(2016. 5)

표정 속에
숨겨진 기쁨

2019년 대학 수능시험이 있기 며칠 전이다.

출입문 소리가 나면서 다녀왔습니다. 손녀 은지의 맑은 음성이 들린다. 아침에 학교에 갈 때 인사하는 것 외에는 일 년 동안 낮에는 얼굴을 마주하는 것도 힘들었다.

입시 준비로 학교로, 독서실로, 학원으로… 내가 잠들어 있는 시간에나 들어오는 아이였다. 예체능계는 학원 생활은 필수적이다.

"웬일이야? 일찍 들어왔구나."

"할머니! 저 합격했어요."

"그래? 며칠 있으면 수능시험이지 않니?"

나는 수시합격이 있다는 것을 몰랐다. 수능시험 점수에 의해 모든 것이 결정되는 줄만 알고 있는 무지 상태였다.

생각해 보니 몇 주 전부터 휴일인 토요일과 일요일에 은지를 데리고 며느리가 분주하게 돌아다니고 있었다. 이 학교로, 저 학교로… 시험을 치르기 위해서라고 했다.

은지는 어릴 때부터 그림 그리기를 좋아했던 아이다. 4, 5살경 아들과 며느리의 사업 관계로 내가 돌보고 있을 때다. 주일날 교회에 데리고 가면 성가 연습실에서 연습하고 있을 때 내 옆에 앉아서 열심히 그림을 그리고 있었다.

은지가 메고 다니는 가방 속에는 그림을 그리기 위한 도구들이 들어 있었다. 내가 성가대 서는 시간에는 자기가 좋아하는 여자 전도사님 옆에 앉아서 그림을 그린다.

유치원에 다닐 때 담임 선생님의 말이 생각난다. 아이들의 그림을 전시할 때였다. 은지의 그림을 보고 특별한 아이라고 하면서 은지의 선생이란 것이 자랑스럽다고까지 말하며 칭찬하였다. 초등학교 4학년 때에는 4, 5, 6학년 전체의 불조심 포스터 행사에서 가장 저학년인 은지가 '최우수상'이라는 영광을 얻기도 하였다. 그럴 때마다 얼마나 기쁘고 자랑스러웠는지. 물론 할머니인 나보다는 엄마, 아빠인 아들과 며느리의 기쁨이 더했을 것이다.

"은지야 어느 학교에 합격했니?" 일류 학교에 가기를 바라는 욕망이 한쪽에 도사리고 있었다. 모든 사람들의 생각에는 더 좋은 것을 바라는 것이 필연이 아닐까? 합격했다는 것만으로 감사해야 한다.

며칠 전에는 친구와의 대화 중에 자기의 손녀가 재수했지만 다시 삼수를 해야 한다고 하였다. 그 친구와의 대화 속에 은지의 합격에 대한 기쁨은 표현할 수가 없었다. 고난이 있을 때마다 그것이 우리의 삶 속에서 참된 길로 단련시키는 과정임을 깨달아야 한다.

"할머니, 저 일류 학교는 아니에요." 쑥스러워하는 표정이다.

"그래, 괜찮아 어느 학교지?"

"음… 한양대학교 사범대학 응용미술과에요."

쑥스러워하는 은지의 어깨를 안고 축하한다고 두드려 주었다.

학교 성적과 실기 시험만으로 전국에서 모여든 수시시험이 수십 대 일이었다. 수험생이 있는 가정은 합격이란 용어가 주어지는 날까지 긴장 속에서 기도만으로 버텨야 한다.

현재 내가 가족들에게 도움을 줄 수 있는 것은 오직 기도밖에 없나. 그러고 보면 우리집 자녀들은 모두가 미술계통이다. 이런 것도 하나의 DNA(가족력) 때문인 듯싶다.

다시 옛날의 내 모습을 떠올려 본다.

고등학교 2학년 때였다. 등교 시간에 팔을 잡고 2층 계단을 올라 눈에 잘 보이는 계단 옆에 걸려 있는 큼직한 풍경화를 가리킨다. 내가 그린 그림이다. 친척이면서 1년 후배인 하숙집 딸이 우리 교실로 찾아왔다. 집에서 그림 그리는 것을 보았기에 내 그림이란 것을 알기 때문이다. 특별활동으로 미술 선생님께 그려낸 작품이다.

나는 풍경화를 좋아했다. 남편도 중고등학교 시절 많은 그림을 그렸다고 했다. 주로 인물화와 민화를 좋아했다. 은지 엄마 아빠는 시각디자인을 전공했고, 딸 유진이는 서양화를 전공했다. 딸의 집에 가보면 전시회를 했던 그림들이 벽면에 여러 개가 걸려 있다. 유진이의 졸업 작품인 「만추」의 대형 그림은 우리집 거실 벽에 십수 년이 걸려 있었다. 이사하면서 자기 집으로 보내주었다. 그러고 보면 재능은 가족력이 많이 함축되어 있는 듯싶다.

은지 아빠는 초등학교 입학 전 해에 한글 완독을 위하여 1학년 국어책을 가져다 주었더니 다음 날에 국어책에 있는 동물들의 그림을 그려서 보여준다. 다분한 재능이 담겨있다.

부모로서 자식을 도울 수 있는 것은 아이들이 좋아하는 재능을 길러주는 것뿐이다. 지나버린 많은 세월이 몽환처럼 밀려오면서 인고의 세월 속에서 후회 없이 살아왔노라고 나 스스로 위로해 보고 싶다.

은지는 합격이 발표되면서 자기가 다니던 미술학원에서 알바생으로 택하여 주었다. 그 아이의 실력과 재능을 인정하기 때문일 것이다. 금년에 우리 가정에서 가장 중요한 문제가 응답으로 이루어진 것이다.

"할머니! 다녀오겠습니다."

은지의 밝은 표정의 목소리가 문밖으로 향하고 있다. 대학생이란 성인으로 자란 '손녀 은지'가 사랑스럽고 대견하다.

(2018. 12)

늙는다는 것

어느 날부터인가 노인들의 걷는 모습을 살피는 습관이 생겼나. 2년 전이다. 수필 동인들과 함께 걸으면서 건강에 관한 이야기를 하였다. 앞에 가는 동인들 중에도 지팡이를 짚고 다니는 사람이 있는가 하면 많은 분이 다리가 불편하다.

아직은 건강하시죠? Y선생의 묻는 말에 자신 있는 대답을 하였다. 우리 형제들 중에서도, 친구들 중에서도 제일 건강한 편이라고. 바로 밑 여동생과 막내 여동생, 큰언니 모두가 관절염으로 오래전부터 고생하고 있는 상태이다.

그날 오후 합평이 끝나고 지하철역으로 향하는 길이었다. 갑자기 오른쪽 무릎 안쪽이 시큰하면서 통증이 왔다.

단 어느 것 한 가지도 자신할 수 없고, 자랑할 수 없고, 자부할 수 없다는 것을 알리는 채찍임을 통감해야 했다. 주

변에 많은 이들이 무릎 관절염으로 고생하는 것을 보면서도 나와는 아무런 상관이 없다고 생각해 왔다. 얼마나 독선적인 자만이었던가.

병원 여러 곳을 둘러 보았지만, 통증은 점점 심해지고 결국에는 걸음도 걸을 수가 없었다. 사진을 찍어본 결과 연골은 정상이라는데 무릎에 물이 차고 다리가 발등까지 부어올랐다.

어느 날 외출에서 돌아오는 길이었다. 아파트 출입문 비밀번호를 누르고 들어오는 것이 번거로워 앞에 들어가는 사람을 따라 들어가기 위하여 뛰어 들어갔던 날. 조심 없는 행동으로 쇠기둥에 심하게 무릎 부딪힌 것이 생각났다. 그 순간 아프기는 했지만, 멍이 들지도 않았고 상처가 없어 별생각 없이 지냈다. 그것이 원인이었음을 알게 되었고 병원에서도 상해보험처리로 치료받을 수 있었다.

다리 건강을 잃고 난 후부터는 길

을 걸어갈 때나 차를 타고 다니면서도 노인들의 걷는 모습을 살피게 된다. 옛날 건강했을 때에는 느껴보지 못한 동정심 어린 마음으로 아려온다.

몇 주 전에는 위장 통증으로 소화기내과에서 수면내시경과 초음파 검사 CT 촬영을 했다. 위장은 깨끗하단다. 위장병이 아니고 나이가 들면서 위장의 '수축작용 무기력증'이란다. 위장병이 아니란 의사의 말에 안심이 된다.

CT 촬영 결과에는 췌장과 간에 작은 물혹이 있다고 한다. 긴장된 마음으로 의사의 설명을 들었다. 의사는 아들을 쳐다보면서 '아드님 같은 젊은 분이라면 수술을 권하겠지만 어머니에게는 수술을 권할 수는 없다.'고 말한다. 늙으면 얼굴에 주름이 생기는 이치와 같기 때문이란다. 순간 육신의 늙음과 모든 기능의 약해짐의 공존을 통감해야 하는 절실함이 긴 한숨이 새어 나온다.

어느 날 수필을 쓰면서 글 속에 바지락이 들어가는 문장이 있었다. 바지락 생각이 감감했다. 생각다 못해 냉동실 문을 열어 바지락 봉지를 꺼내고서야 생각이 났다. 그뿐이 아니다 사람 이름이 생각이 안 난다. 가끔은 물건을 어디에 두었는지도 기억이 없다.

30여 년 전 교통사고로 인한 뇌수술 후유증의 인지능력 저하로 인한 것이 아닌가? 고민해 본다. 친구들을 만나서 수다를 떨다 보면 하나같이 닮은꼴이다. 모든 것이 나에게만 주어진 것이 아니라는 것에 위로를 받게 된다.

고려 말 우탁의 고시조 한 수가 생각난다.

한손에 가시 쥐고 / 한손에 막대 들고
늙는 길 가시로 막고 / 오는 백발 막대로 치렸더니
백발이 제 먼저 알고 / 지름길로 오더라.

백세시대라고 떠들고 있다. 희수(喜壽)를 맞으면서 걸어 다니는 종합병원이 되어 이 병원 저 병원 기웃거리는 내 모습이 한심스럽기만 하다. 이 모든 것이 자연의 섭리임을 누구라서 막을 수 있으랴. 신앙인으로서 범사에 감사하란 말씀이 있어 어떤 경우에도 감사함으로 살리라.

(2014. 3)

날씨와 같은 삶

수년 전 낙엽 뒹구는 길을 걷고 있을 때 저만치 앞서 걸어가는 남사의 뒷모습을 보는 순간 나도 모르게 당황스러운 눈빛으로 다시 확인해 보았다.

남편이 세상을 떠난 지가 수년이 되어간다. 봄, 가을이면 연갈색 가죽 베레모를 즐겨 쓰고 다녔다. 그런데 남편이 쓰고 다니던 같은 베레모와 체격이며 옷차림이 너무도 닮은꼴이다. 수십 년을 함께했던 사람이기에 마음 한구석 작은 연민이라도 남아 있어서일까? 연애를 해 본 경험적인 기억도 없다.

먼 친척 오빠로부터 자기 친구인데 한번 만나 보라는 연락을 받았다. '창녕성씨' 양반이란다. 우리 세대는 반, 상, 의 계급을 가장 중요시하였다. 외국에서 사업을 하여 '돈'도 많이 갖고 있다고 한다. 대학생 남동생들과 자취생활을 하고 있을 때였다.

몇 개월 만나는 동안 진실해 보였고 의지할 수 있는 사람으로 믿어졌다. 인생은 부모님 곁을 떠나면 혼자가 된다. 홀로라는 외로움을 달래기 위하여 누구인가를 만나야 하는 것이 아닐까? 그렇기에 '결혼이란' 인생의 필수가 된 것이다.

현세대 젊은이들에게는 필수가 아닌 선택으로 변모해 가고 있다. 우리의 삶 속에 외로움을 원하는 사람은 없다. 의지하며 위로받고 위로해 주며 그 속에서 '사랑'이란 고귀한 단어가 탄생하는 것이 아닐까!

우리 모든 사람은 '행복'이란 꿈을 꾸며 살아가고 있다. 결혼 후 가정이란 삶의 여정은 나에게 행복이란 아름다움만을 안겨 주진 않았다. 시댁 가까운 쪽보다는 친정 언니가 사는 집 근처에 신혼살림을 차렸다. 오전에 누구를 만난다고 외출했던 남편은, 오후 돌아올 때에는 콧노래를 부르며 돌아온다. 음치의 남편은 술이 취한 채 그저 되는 대로 부르는 곡이다.

아들 욱이가 임신 되어 배가 불러올 무렵 춘천에 사는 아는 사람에게 사업자금으로 거액을 빌려준 것이 받을 수가 없게 되어 춘천으로 이사를 해야 했다. 나로서는 '사기'라는 것이 어떤 것인지도 모르는 무지한 상태였다. 하소연할 사람도, 의지할 수 있는 지인도, 친구도 없는 객지에서… 모든 것은 남편의 문제다.

그런 와중에 '아들'이 태어나면서 어느 정도의 정신적인 위로를 받았다. 아들을 품에 안고 너무 좋아서 활짝 행복한 웃음을 품었던 남편의 모습이 지금도 생생하다. 결국엔 돈 문제는 법적인 소송으로 끝을 맺었지만, 손해가 막심했다.

둘째가 임신 되어 만삭일 때 서울로 돌아왔고 남편은 매일 술로 위로를 받으려는 모습이었다. 결국에는 가지고 있던 돈 모두를 사업자금으로 날려 버렸고 전세방까지도 날려 버렸다. 그런 후로는 모든 생활의 책임이 내 몫이 되었다.

하지만 후회는 하지 않는다. 이 세상 모든 삶이 좋은 날만 있는 것은 아니니까… 혹독한 비바람과 눈보라 속에서도 내일이란 청명한 하늘과 햇빛은 우리에게 찾아올 테니까! 현세대들은 가진 자와 못 가진 자를 '금수저' '흙수저'로 비유한다. 시대가 어수선한 세파 속에서도 자연만이 가져다줄 수 있는 포근하고 따뜻하고 해맑은 내일을 꿈꾸면서 모든 것을 긍정으로 받아들이련다. 수십 년 아니 평생을 그렇게 살아왔으니까.

셰익스피어는 '역경이 사람에게 주는 교훈만큼 아름다운 것은 없다.'라는 글귀도 있다. 또 톨스토이는 '깊이 사랑할 수 있는 사람만이 위대한 고뇌를 맛볼 수 있다.'라는 글귀도 있다.

현재는 남녀 평등시대다. 힘들게 살아왔지만, 젊은이들에게 결혼은 꼭 해야 한다고 말해주고 싶다. 자연은 변화무쌍하다. 비록 세찬 비바람과 눈보라가 닥쳐온다 해도 계속되지는 않기 때문이다.

내가 위로받기보다는 내가 위로해 주고 도와줄 수 있는 가장 가까운 사람이 있다는 것도 행복일 수 있으니까. 기부하고 있는 이들의 말은 모두가 받을 때보다 베풀 때가 더욱 행복하다고 한다.

하물며 내가 가장 사랑하는 가족과 가정을 위한 희생은 더욱 큰 보람이다. 혼자이기보다는 나를 지켜주는 사람이 있다는 든든함을 갖게 된다. 나 또한 그랬다. 가장 대행으로 바삐 돌아갈 때 혼자가 아니라는 것을 느끼면서 자긍심을 가질 수 있었다.

이불 사업도 남편 없이는 안 될 실정이었다. 내가 잠자리에 들 때까지 먼저 잠자는 법이 없었다. 자기가 해야 할 일이 많기 때문이었다. 수십 년의 삶 속에서 단 한 번도 사랑한다는 말을 해주질 못했다. 힘겨운 삶의 여정 속에서 가장 대행으로서의 교만이 아니었을까?

노인 부부가 손을 잡고 다정하게 이야기를 나누며 걸어가는 모습을 볼 때마다 옛날의 나를 생각하게 된다. 남편과 함께 걸으면서 팔짱이라도 끼면 창피하게 늙은이가 무슨 꼴이냐고 뿌리쳤던 생각이 저만치에서 후회스럽게 달려든다.

여러 권의 사진첩을 열어본다. 첫 장에 결혼식 사진이 눈에 띈다. 여행 가서 찍은 사진, 아들딸 어릴 때 찍은 것, 가족사진 모두가 흔적으로 보여준다. 삶 속에 많은 태풍, 비바람을 안고 왔지만 때로는 찬란한 햇빛도 광활한 푸르기만 한 하늘도 우리의 삶을 품어주고 위로해주었다. 궂은 날씨는 잠시 머물다가 가버리는 것이니까. 우리의 삶 또한 날씨같이…

(2016. 12. 2)

깜짝 선물

며칠 전까지 벚꽃으로 뒤덮였던 나무들은 연두색 잎으로 옷을 갈아입었다. 꽃잎 깔린 길을 걸으면서 나 자신을 생각한다. 탄현역 앞 현충원 둘레길 옆으로 철쭉이 흐드러지게 피어 연분홍, 진분홍, 흰색의 꽃들이 즐거움을 안겨준다.

며칠 후에는 내가 팔순을 맞는 날이다. 아름다운 꽃 계절에 이 땅에 보내주신 '조물주'와 부모님께 감사하는 마음이다.

우리 형제들은 음력 생일을 지낸다. 우리 집에서는 나만이 음력으로 생일을 쉰다. 며칠 전 아들이 엄마 사진첩이 어디 있지요? 물은 적이 있다. 별생각 없이 알려 주었지만 며느리와 아들은 은근히 신경을 쓰는 눈치다.

장수 시대가 되면서 회갑연은 소멸된 듯싶다. 70세 고희와

80세 산수, 99세 백수로 탈바꿈되었다.

우리 어린 시절에는 61세 회갑연만이 기억 속에 남아 있다. 며느리와 딸도 전화로 자주 소통하고 있는 눈치지만 나로서는 관심을 가질 필요도 없어 그저 모르쇠 방관자로 구경꾼 노릇만 할 뿐이다. 이곳 일산으로 이사온 지 얼마 되지 않기에 초청 장소를 정하는 것 또한 쉬운 일이 아니다. 인터넷으로 찾아 우리집에서 가깝고 교통이 좋은 한식집으로 정하였다는 것만 알고 있었다. 시댁 쪽으로는 윗분들이 모두 돌아가셨고 누나 한 분만 요양원에 계시기 때문에 친정 쪽 일곱 남매와 후손들로 채워진 친정 쪽 일색이다.

큰언니는 요양원을 오고 가면서 붙잡아 주지 않으면 앉지도 서지도 못할 정도의 건강상태지만 마지막이 될지도 모를 동생들이 보고 싶어 89세의 나이로 아들과 딸의 부축을 받으면서 참석해 주었다. 다섯 명의 여자 형제들과 두 명의 남자 동생 일곱 남매가 오랜만에 한자리에 모였으니 혈육의 정이 가슴 깊이 반가움으로 안겨 온다. 생일 케이크가 내 앞에 놓이고 축가를 불러야 하는 순간, 아들이 무거워 보이는 상자를 케이크 옆 상위에 내려놓는다. '무엇이지?' 의아해하는데 상자를 열자 책이 나온다.

'안정현 수필집'이다. 상상도 못한 일이다. 한마디 상의도 없이 아들과 며느리의 깜짝 쇼인 것이다. 표지에는 『꽃피는 내일을 위한 발걸음』이라 쓰여 있고 초록색 나뭇잎과 흰 꽃 두 송이가 있다. 엄마의 수필집이라면서 참석한 모든 가정에 한 권씩 나누어 준다.

『운현수필』에 실렸던 20여 편과 아들 컴퓨터에 저장되었던 퇴고하지 않은 수필 20여 편과 공백의 갈피에는 사진으로 채웠다. 그제야 사진첩을 찾던 이유를 알게 되었다. 아버지에 대한 글이 담긴 쪽에는 아버지의 사진이 있고 어머니를 향한 글이 쓰인 쪽에는 어머니의 사진이 있으니 동기간들 모두가 부모님을 뵌 듯 반갑다고 한다. 나 또한 산수연의 자리에서 부모님의 사진을 대하니 그리움과 감격으로 울컥해 온다. 우선 부족한 수필집이라고 이해를 구하는 수밖에 없었다. 시댁 쪽 가족들을 청하지 않은 것이 다행스러웠다.

아들과 며느리는 시각디자인 출신이다. 광고 디자이너로 활동하기 때문에 책 발간이 가능했던 것이다. 컴퓨터를 복지관에서 배우기는 했지만 쓰지 않고 있으니 모두 잊어버렸다. 글을 쓰면 주로 아들에게 의탁하였기 때문에 자기 컴퓨터에 저장된 것 모두를 책으로 펴낸 것이다.

같은 내용이지만 제목이 달라 두 편으로 된 것도 있다. 자식들이 엄마 생각하는 대견한 마음에 고마움을 느끼면서 사랑한다고 말해주고 싶다.

어머니의 회갑연에 찍은 가족사진을 본다. 절반 이상이 이 세상에 존재하지 않는다.

삶이란 연기된 죽음에 불과하다는 말이 또다시 떠오른다. 가족사진을 보면서 큰형부, 우리 남편, 막내 제부 모두 떠나버린 사람들이다. 가족들 모이는 날에는 빠짐없이 다섯 동서들과 남동생들이 모여 화투놀이를 즐기던 모습이 추억의 갈피에 한 장, 한 장 펼쳐진다. 동서들 간의 친밀감이 돈독했다. 모임이 있는 날에는 화투놀이로 마누라들의 눈총을 받고서야 늦은 밤에 집으로 돌아갔다. 제일 큰형부와 막내 제부가 회갑연도 맞기 전에 소천하면서 그 후로는 추억으로만 남아 있을 뿐이다.

이곳 일산으로 이사한 후 우리집에 와 보지 못한 형제들이기에 집으로 왔다. 만나고 또 보아도 반가운 혈육들, 담소하면서 잠시 머물고 난 후, 안중으로, 분당으로, 우이동으로 각자의 삶의 여행길을 향하여 떠났다.

나에게도 산수(傘壽)라는 단 한 번뿐인 뜻있는 하루였다.

(2017. 4)

재봉틀

오늘도 재봉틀 앞에 앉아 밖에 날씨부터 살핀다. 계절의 아름다움이 남창으로 드리우는 햇살에서 느껴진다. 하늘은 푸른 보자기를 펼쳐놓은 듯 맑고, 소나무 숲은 미동도 없으니 바람이 잔잔한 모양이다.

재봉틀 옆에는 금년에 임직된 권사들에게 선물할 인조 속바지 재단한 것들이 놓여 있다. 재봉틀 위에 선명하게 쓰여 있던 금색 글자는 완전히 지워져 내 머릿속에만 각인되어 있을 뿐이다. 까맣게 단장한 매끄럽던 칠도 벗겨지고 진갈색의 받침판은 군데군데 누런 속살을 드러내 보인다.

얼마 전에는 전기 모터에 달린 부속품이 망가져서 청계천 변에 재봉틀 가게를 수십 분 동안 찾아 헤맨 적이 있다. 옛날 부품들이 모두 사장된 상태란다. 10년이면 강산도 변한다고 했는데, 여러 번의 강산이 변할 수 있는 세월이 흘렀음을 실감한다. 할 수 없이 부속품을 기계로 깎아 주는 집에 들러 쇠로 된 패킹을 깎아다가 끼웠다. 새로 끼워 놓은 부속만이 새것으로 둔갑했다. 나와 함께한 세월 속에서 재봉틀은 고물이 되었고 나의 까맣던 머리는 명주실타래를 풀어 얹은 양 하얗게 바랬다.

내 삶 속에 가장 큰 버팀목 역할을 해준 우리집 고물 재봉틀을 추호도 바꾸고 싶은 생각은 없다. 나의 눈물을 씻어주었고, 용기를 주었고 희망과 기쁨과 감사와 행복을 안겨 주었기 때문이다.

'일하기 싫거든 먹지도 말라, 게으른 자에게는 가난이 도적같이 임한다.'는 성경 말씀은 나에게 큰 교훈이 되었다.

지금 사는 집으로 이사 오던 날 이삿짐센터 직원에게 재봉틀을 안방 남쪽 창문 앞 가장 밝은 곳에 놓아달라고 부탁하면서, 우리집 가보 1호라고 엄지손가락을 세워 보였다. 조금 후에 직원이 나에게 오더니 자기들이 이삿짐을 많이 날라주지만 저렇게 고물 재봉틀은 처음이라며 웃는다. 가보 1호라고 했으니 이해가 되지 않는 모양이다. 나를 모르는 사람에게 장황하게 이야기해 줄 필요를 느끼지 않았기에 그저 웃어넘기고 말았다.

내가 재봉틀과 가까워진 것은 6·25 다음 해 중학교에 입학하면서였다. 중학교 시간표에는 수예, 재봉 시간과 가사 시간이 1주일에 몇 번씩 들어 있었다. 재봉 시간에 여선생님이 기초적인 블라우스 원형을 칠판에 그리면서, 치수의 숫자와 재단하는 방법을 가르쳐 주었다. 호기

심이 발동했다. 배우는 것을 열심히 익혀 가면서 나도 한번 옷을 만들어 보아야겠다는 의욕이 생겼다.

그 시절에 시골에 있는 재봉틀은 거의 손재봉틀이었다. 손잡이가 있는 바퀴를 오른손으로 돌리면서 박음질하는 천은 왼손으로 붙들어 주면서 재봉질을 해야 했다.

여름철이면 어머니가 머슴들의 삼베 등거리 잠방이 만드는 것을 옆에 앉아 지켜보면서 '저렇게 하면 되겠구나.' 하며 자신감을 키웠다.

하복 입을 절기가 되면서 어머니께 흰 옥양목 천을 얻어 배운 대로 원형을 뜨고 재단을 하여 재봉틀에 박아 교복을 만들었다. 가족들 모두가 대견해 하는 눈치다. 초등학교 6학년 때도 큰언니가 바느질하는 옆에 앉아 흉내를 내면서 바로 밑 여동생의 한복 저고리를 꿰매 입힌 적이 있으니 어느 정도는 나의 솜씨를 인정해 주는 듯했다.

선천적으로 바느질에는 남다른 재능을 타고난 것 같았다. 그 시절에는 집에서 입는 옷이 한복 짧은 치마저고리였다. 교복을 만든 후부터는 외지에서 학교생활을 하면서 하숙집 재봉틀을 이용하여 스커트와 블라우스를 직접 만들어 입었다.

재봉틀을 발명한 미국인 '엘리아스 하우'는 지독한 가난으로 인하여 하루 종일 삯바느질에 매달린 신혼의 아내를 불쌍하게 생각하여 유심히 관찰하면서 기계가 해줄 수만 있다면 하는 생각에서 발명했단다. 그 후에 더 좋게 개발한 사람은 '아이작 싱어'로 다섯 번에 걸친 연구 끝에 1846년에 특허를 받았다고 한다.

나는 재봉틀 앞에 앉으면 무한 감사를 느낀다.

우리 가정을 가난에서 벗어나게 해준 것이 재봉틀이었고 지금에 있기까지 내 삶 전부는 재봉틀이 있었기 때문이다. 재봉틀 앞에 앉아 있는 순간은 모든 잡념이나 번뇌를 잊게 된다. 오직 작업에 몰입할 뿐이다. 좋아서 하는 것이니 싫증이 나지도 않는다.

가난과 나와는 아무런 관계가 없다는 어린 시절의 생각은 한순간에 나를 깊은 수렁으로 넣었고, 현실은 너무나 가혹하여 처절함으로 다가왔다. 남편의 거듭되는 사업 실패는 막막하기만 했다. 위기는 또 다른 시작을 낳는다고 했다. 용기를 가지고 도전하라고. 방 한쪽에 놓인 재봉틀을 보면서 '그래 이거야, 할 수 있을 거야. 죽으란 법은 없지.' 어떤 섬광이 보이는 듯했다.

아들 욱이가 6살, 딸 유진이가 5살, 연년생인 내 아이들과 가정을 지켜야 한다는 굳은 신념이 재봉틀과 나를 엮어 주었다. 바느질에는 자신이 있어 마음을 정하고 나니 두려움이 없었다.

나에게 바느질의 재능을 주어 이 땅에 보내신 이가 나를 안일한 안방마님으로만 버려두지 않았다. 자기에게 주어진 재능과 소질을 찾아 하는 일이라면 성공의 확률이 높다는 것을 깨달았다. 이불 사업은 나에게 큰 행운이었다.

나와 동행해 온 고물 재봉틀은 여전히 안방 남쪽 창문 앞에 당당하게 버티고 있다. 머릿속에 그림을 그려 원단을 가위질하여 재봉틀에 거쳐 나오면 하나의 작품으로 완성되는 것을 보면서 마술사라고 불러 주고 싶다.

우리집의 이부자리며 방석, 집에서 입는 드레스와 잠옷, 모든 것이 고물의 재봉틀을 거쳐 탄생한 것들이다. 돈을 벌기 위한 생활의 도구로 존재해 온 재봉틀이 앞으로는, 베푸는 삶을 위해 쓰일 수 있는 도구가 되었으면 하는 바람이다.

(2012. 3)

가훈

하나님의
사랑안에서
최선을
다하고
후회없이
살자

2

행복한 그림

아이들은 움직이는 꽃이다. 하린이가 우리 식구 중 가장 좋아하는 사람은 언니인 은지다. 하헌이는 어린 마음에 때로는 질투심이 나는 모양이다. 온 가족이라야 두 집 합쳐서 8명이다.

오랜만의 가족나들이다. 외식이 빠질 수 없다.

아이들의 즐거워하는 모습을 보면서 나의 삶 속의 아름다운 그림 한 장이 행복이란 이름으로 각인되었다.

아들 입대하던 날

뉴스 매체마다 4월 6일에 집단 구타로 죽은 윤일병 사건으로 마음이 아려온다. 인간의 잔인성의 한계가 어디까지인가 하는 의구심을 갖게 된다.

순간 수십 년의 세월을 되돌려 욱이를 연무대로 보내던 날의 모습이 바람같이 밀려온다. 입영 통지를 받고부터 아들과 헤어져 살아야 한다는 것과 어린아이로만 생각되는 아이를 자유가 억압된 엄중한 군 생활 속으로 보낸다는 것이 표현할 수 없는 아픔으로 밀려왔다.

초등학교 시절 방학이면 며칠 외가에서 머물고 온 것과 수학여행 때 외에는 떨어져 있어 본 적이 없다. 오전 10시 차라고 하였다. 친구들 몇 명이 연무대까지 동행한다고 하였기에 우리가 해줄 수 있는 것은 아빠가 전날에 고속터미널에

가서 차표를 예매해 줄 수 있는 것밖에 없었다.

지난밤에 친구 몇이서 욱이 방에서 함께 잤다. 사랑하는 사람과의 헤어짐이란 아픔이요, 슬픔이다. 더욱이 부모와 자식 사이의 헤어짐이랴….

긴장이 되어서인지 아침 식사도 뜨는 둥, 마는 둥이다. 여행이라도 떠나는 것이라면 기쁜 마음으로 환송이라도 해주겠건만… 군에 보내는 엄마의 마음이 이런 것인가 하는 형용할 수 없는 허전함과 아픔으로만 다가온다. 아들 가진 모든 엄마들의 공통된 심리일 것이다.

국민 된 의무이기에 누구 한 사람 반항할 수도 거역할 수도 없다. 욱이가 안방으로 들어와 남편과 나에게 큰절을 한다. 정중한 모습 속에 얼굴이 굳어 있다. 짧게 깎은 머리조차도 안쓰럽기만 하다.

무슨 말을 해야 할지… 목이 메어오는 나 자신에게 눈물을 보이지 말자고 타이른다. 욱이는 내 손을 잡아 이끌며 자기 방으로 데려간다. 책상 서랍을 열고 저금통장을 보이면서 "엄마, 급할 때 찾아 쓰세요." 하면서 비밀번호와 미수금 된 것들이 적힌 쪽지를 보여준다. 욱이는 내 손을 꼭 잡으면서 "결코 아빠 같이는 살지 않겠어요." 하더니 눈물을 손등에 떨군다.

그 순간, 눈물 없이 어떻게 넘길 수 있을까! 남편에게서 느껴보지 못한 믿음직스럽고 든든한 모습을 대학 2년짜리 20살의 군 입대하는 아들에게서 느껴본다. 자기도 이젠 어린아이가 아니란다. 엄마가 힘들어하는 모습을 보면서 터득한 자기 나름대로의 가치관이요, 효심의 상징이다.

통장을 열어보니 수십 만 원이 들어 있다. 생각해 보니 고3 때부터 가족들 모르게 학원 끝난 후에 아르바이트를 한 모양이다. 부모의 삶의 모습 속에서 자식들의 가치관이 형성되고 있음을 깨달았다. 밖에서 기다리고 있는 친구들과 터미널로 떠난 후, 딸 유진이와 터미널로 향했다.

휴게실 의자에서 아무렇지도 않게 친구들과 이야기하고 있던 욱이가 내 옆 의자에 와서 앉더니 말을 잊은 채 다시 눈물바람이다. 이런 때 무슨 말이 필요할까? 나 또한 안경 속으로 흐르는 눈물을 주체할 길이 없었다. 연무대까지 친구들이 동행해 주어 찹쌀떡, 호두과자, 음료수를 사서 손에 쥐어주고 논산 연무대행 버스가 보이지 않을 때까지 움직일 수 없었다.

가족이란 단어와 자식이란 단어는 세상에서 가장 아름다운 단어요

귀한 이름이 아니던가! 욱이 생각으로 온통 집안 분위기가 무겁기만 했다. 전화벨이 울리면서 큰 남동생의 생일이라고 저녁 식사라도 함께 하자는 올케 전화다.

친정집으로 갔다. 마음 여린 어머니에게 욱이의 이야기를 들려주었더니 주름진 눈가에 눈물이 번진다. 동기간들 속에 어울려 잡담을 하는 시간만은 순수한 생활인으로 돌아간다.

이날부터 욱이의 빈자리가 허전하여 욱이 방을 내가 쓰기로 하였다. 기도하는 방으로… 생각날 때마다 아들과의 대화를 일기장 속에 채워 넣기 위하여 욱이가 돌아오는 날까지 무언의 대화만이 있을 것이다.

(2016. 8)

행복한 그림 · 1

며칠 있으면 손녀 은지가 중학교에 입학하고 손자 하헌이가 초등학교에 입학한다. 외손녀 하린이는 돌이 지난 지 3개월이다.

3·1절 연휴를 맞아 아이들의 마음이 들떠 있다. 학교에 나가기 시작하면 학교로 학원으로 저녁 늦은 시간까지 여유가 없다. 들떠 있는 것은 어른들도 마찬가지다. 직장생활에 시달리면서 아이들과 함께 하는 시간이 부족하기 때문이다.

며칠 전부터 연휴 기간의 스케줄로 며느리와 딸의 전화가 잦은가 싶었는데, 딸네 가족 세 식구가 갑자기 들이닥쳤다. 돌 지난 하린이를 볼 때마다 재롱이 늘어 TV에서 노래가 나오면 손을 앞으로 모으고 싸이의 강남춤을 춘다고 흔들어 댄다. 온 가족이 그 모습에 취하여 웃음판이다.

아이들은 움직이는 꽃이다. 하린이가 우리 식구 중 가상 좋아하는 사람은 언니인 은지다. 하헌이는 어린 마음에 때로는 질투심이 나는 모양이다. 온 가족이라야 두 집 합쳐서 8명이다.

다음날 일산 쪽에 있는 '테마 동물원 쥬쥬'로 향했다. 나도 함께 따라 나섰다. 서울 가까운 곳에 이런 곳이 있었던가? 하는 의구심이다. 차가 밀리기는 했지만, 아이들이 즐거워하는 모습에서 즐거움이 전이된다.

정월 대보름과 우수를 지나고 입춘을 맞은 햇살은 봄을 손짓하고 있건만, 유난히 추위를 몰고 왔던 겨울 속에 머물던 찬바람은 떠나지 못하고 나뭇가지를 흔들어 댄다. 가볍게 입고 나온 옷에 스며드는 찬기로 약간은 추위가 맴돈다.

동물원에 도착하여 제일 먼저 들른 곳은 물범의 묘기를 보는 곳이다. 사육사의 말과 손짓에 따라 행동하는 묘기를 본다. 끝날 무렵 이곳에 들어와서 "물범을 만져보고 먹이를 줄 수 있는 사람 3명만 손을 들어보세요." 하는 순간 하헌이가 "저요, 저요" 손을 치켜들고 얼마나 큰 소리로 외쳐대는지 사육사의 눈과 마주치면서 지명이 되었다. 3명 중 가장 어리다. 하헌이의 용기를 보면서 우리 가족은 모두 흐뭇했다.

다음 오랑우탄의 묘기를 관람하면서 사람보다도 큰 오랑이에게 팬티와 점퍼까지 입혀 놓고 익살스러운 사육사의 제스처에 따라 재롱을 부리는 오랑이를 보면서 생명을 지닌 것들에 대한 경외감을 가져 본다. 세계 각국에서 들여온 파충류, 포유류, 조류와 수십 종의 동물들. 철조망 속에 갇혀서 사람들에게 구경거리로 전시되고 있는 생명을 보면서 '자유로움이 얼마나 그리울까.' 하는 생각이 든다. 관람 시간이 세 시간이 넘게 소요되었다.

'땅을 정복하고 바다의 물고기와 하늘의 새와 땅의 움직이는 모든 생물을 다스리라' 하신 인간에게 명령한 창조주의 말씀을 실감한다.

아이들에게 직접적인 체험학습 시간이 되어 주었다. 마지막으로 들른 곳은 돼지와 사슴, 염소, 공작새가 함께 공유하고 있는 마당에 들어가서 먹이를 주는 놀이가 있는 곳이다. 여러 종류의 동물들이 다툼이 없이 먹이를 따라다니는 것을 보았다. 물론 먹잇감은 거의 돼지들의 몫이다. 그래서 잘 먹는 사람을 돼지 같다고 하는 것이 아닐까.

딸과 사위는 돌쟁이 하린이를 쫓아다니느라 지쳐 있다.

수십 종류의 뱀과 구렁이를 보면서, 옛날 시골집 생각이 났다.

가을에 볏섬을 쌓아 두는 큼직한 광 속에 어른 팔뚝보다도 굵은 갈색 구렁이가 둥글게 둥지를 틀고 있었다.

하지만 아버지도 누구도 구렁이를 잡을 생각도 좇을 마음도 없었다. 그것이 집을 지켜주는 업구렁이란다. 때로는 집 뒤로 둥글게 싸인 수십 미터의 흙 담장을 타고 유유히 기어가는 적도 있었다. 잡는 사람은 없었다.

요즈음은 시골에서 구렁이를 찾아볼 수가 없다. 포식가들의 보신용으로 모두 잡혔기 때문이란다. 이제는 옛날 시골에서나 구경할 수 있었던 생명체들을 체험학습장에서 볼 수 있게 됐다.

오랜만의 가족나들이다. 외식이 빠질 수 없다.

아이들의 즐거워하는 모습을 보면서 나의 삶 속의 아름나운 그림 한 장이 행복이란 이름으로 각인되었다.

행복한 그림·2

지난달에는 손녀 은지의 초등학교 졸업식과 손자 하헌이의 유치원 졸업식이 있었다. 아이들 졸업식 날은 며느리도 오후에 출근하고 졸업식장에 온 가족이 참석했다. 마침 은지가 넓은 강당 가장자리에 줄에 앉게 되어 하헌이가 누나 옆에 있게 되었다.

지금은 졸업식장에서 부르는 노래가 대중가요 식으로 되어 있다. 하헌이가 같이 따라 부르다가 울기 시작하니 주변의 시선이 모두 하헌이에게로 집중된다. 졸업생은 한 명도 눈물 흘리는 아이가 없다. 며칠 후에 있을 자기의 유치원 졸업식, 친구들과 헤어질 생각에 눈물이 났다는 이야기다.

요즈음 나에게 다시 막중한 책임이 주어졌다. 하헌이가 초등학교에 입학하면서 1년 동안은 아침 등굣길을 동행해 주어야 하기 때문이다. 6년 전 은지와의 관계가 하헌이에게로 옮겨진 셈이다.

아침에 하헌이가 책가방 속에서 알림장을 내어놓는다. 며느리가 읽어보더니 공개 수업 날짜와 시간이 적혀 있고, 학부모 상담 날짜와 시간을 적어 오라는 것이다.

"어머니, 어느 요일 몇 시가 좋으시겠어요?" 묻는다. 직장에 얽매인 자기로서는 어쩔 수 없는 일이다. 은지의 유치원 시절부터 초등학교 6년 동안 학부모 상담은 빠짐없이 나의 책임이었다.

은지 5학년 때 상담 시간이었다. 시간을 맞추어 교실 문을 들어서는 순간 밝은 표정으로 인사하는 M 여자 선생님과 마주 앉았다. M 선생님은 이 학교로 전근되어 은지 반을 담임하게 되었단다. 모든 것이 낯설고 서먹하다면서 학년 성적평가 장부를 내 앞에 펼쳐 보인다. 은지의 성적이 최고라면서 은지에게 많은 의지가 된다고 한다. 칭찬이 놀랍다. 은지는 다방면으로 소질이 많은 아이다.

4학년 때는 4, 5, 6학년 포스터 그림 그리기 대회에서 전교 최우수상을 받았다. 학년마다 선생님들은 은지의 성격을 칭찬한다. 모든 친구들을 배려하고 포용해 주어 아이들 모두가 은지를 좋아한다고 한다. 그런 아이가 이제는 교복을 입은 의젓한 모습으로 변모했다.

하헌이의 손을 잡고 학교로 향하는 아침 시간은 둘만의 대화 시간이기도 하다. 아파트 문을 나서면서 만나는 어른들에게는 큰 소리로 인사하기부터 시작한다.

지난 설 연휴 때 일어났던 아래윗집의 소음 관계로 살인사건을 되짚

어 본다. 서로 얼굴을 익히고 인사하면서 지내는 관계라면 결코 그런 일은 없었을 것이다. 서너 곳의 건널목을 건너게 된다. 유치원 시절에 모두 배워 익혀준 것이지만 다시 건널목의 규칙을 재확인시키면서 손자와의 대화를 이어간다.

등하교 시간에 학부모들이 교통정리를 맡아주고 있다. 희생과 교육 정신으로 봉사하고 있는 엄마들에게 고마움을 가져야 한다고 알려준다. 며칠 전 경북 경산고등학교에서 일어난 학교 폭력 자살 사건으로 인한 사회적인 불안감 때문인지 교문 앞에 경찰관 몇 명이 교통정리와 아이들의 안전을 지시하고 있다.

또한, 북한에서는 전쟁 도발 망언을 쏟아붓고 있는 실정이다. 있어서는 안 될 일들이 매일같이 우리들의 생활 속에 두려움으로 밀려온다.

자연만은 꽃 향을 가득 품고 나의 곁으로 성큼 다가와 있다. 베란다의 큼직한 화분에 한가득 피어난 철쭉을 본다. 빨갛게 수줍음으로 피어나고 있는 베고니아를 본다. 꽃을 보고 있노라면 아름다워서 행복해진다.

자기들만의 자태로 즐거움을 안겨준다. 내일도 모레도 손자의 손을 잡고 즐거운 이야기를 나누며 학교로 향하는 길을 걸을 것이다.

(2013. 3)

어머니를 기리면서

1990년 음력으로 8월 27일은 어머니가 팔순이 되는 해였다.

어머니를 모시고 사는 큰 남동생으로부터 우이동에 있는 ○○장소에서 산수(傘壽) 행사로 모임을 갖기로 했다는 연락을 받았다.

연락을 받고서 고심했다. 반가운 얼굴들을 마주하고 한 끼 식사만으로 헤어져야 한다는 것이 너무도 무의미할 것 같았다.

저녁에 누워 잠을 청하였지만 잠이 오질 않는다.

고향에서 보냈던 어린 시절이 주마등같이 머릿속을 스치면서 무엇인가 기념으로 남겨 드리고 싶어 쓰기 시작했다.

그날 낭송했던 시(詩)이다.

어머니 살아 계실 때, 어느 주일 아침 일찍 전화벨 소리에 수화기를 들고 보니, 어머니의 흥분과 환희에 뒤엉킨 목소리…

「나의 어머니」

서울 살던 열일곱 살 처녀가 시집간 곳은
산수골 넘어 조그만 산촌
풀내음 향기롭고 코스모스 곱게 피는 곳
삼대독자 아버지 따라 살면서
딸들만 낳고 죄스러워
오룡산 허리에 걸린 달을 보며
괴로운 이야기 나누셨나요

촌부살이 한평생 서러울 때엔
등잔불 밝히며 부엉이 우는 소리에
그 설움 달래며 살으셨나요
그러다가 아들을 낳으시고는
승선이 산촌의 밤하늘 별빛 고움도
그제서야 아름답게 보이셨겠죠

무덥던 여름 한밤
아버지랑 어머니랑 우리 모두는
모깃불 피워 놓고 밀짚 방석에
견우와 직녀의 애절한
이야기 듣던 밤에도
북두칠성은 유난히 반짝였답니다

병석에라도 누워 있노라면
그 자식 곁엔 언제나
가슴엔 사랑으로 가득 채우고
얼굴엔 눈 그늘 드리운 채
열 오른 이마에 얹어주시던 손
포근히 전해오던 어머니 사랑
그 밤에도 산새 우는 소린 들렸답니다

세월은 아스라이 추억에 담아 잊혀갔건만
생각은 이제인 양 생생함이야
깊이깊이 심어 놓은
당신의 사랑 때문인가 봅니다

새벽바람 가르며 솔밭길 돌고 돌아
성전으로 향하신 발걸음은
사랑 때문이었습니다
오직 희생이었습니다

한평생 바쳐온 사랑이 골이 되어
주름으로 패이셨나요
한평생 바쳐온 희생이 바래어
은빛 머리 되셨나요

그 사랑 갚을 길 없어라
그 은혜 잊을 길 없어라
주님, 힘없고 늙어진 여든의 내 어머니

고이고이 평강케 하소서 붙들어 주소서
기도뿐 기도뿐이옵니다

—1990년 셋째 딸 드림

서울에서 살아온 세월이 고향에서 살아온 세월보다 길다.

하지만 지금도 꿈을 꾸면 어김없이 고향집과 산야의 풍경들이 생생하게 나타난다. 아마도 꿈 많던 시절을 자연과 더불어 풍요로운 정서 속에서 보낸 날들이기 때문인가 보다.

아버지와 어머니의 나이 차이는 10살이나 된다. 늦은 학구열로 중동학교 2회 졸업생이다. 학교 다니실 때 운동을 좋아하던 아버지는 외삼촌과 정구를 치면서 친해졌고 외삼촌 소개로 어머니를 만났다. 나이를 속이면서 어머니와의 결혼 약속을 받아 냈다.

여학생이던 어머니는 결국 삼대독자인 아버지와 결혼하여 촌부살이를 시작하게 되었다. 시 속에 나오는 산수골, 승선(承仙)이, 오룡산은 우리 마을의 지명들이다.

어머니는 결혼 후 딸만 다섯 낳고 늦둥이로 아들 셋을 낳았다. 막내 아들은 20대 후반에 교통사고로 떠났고, 일곱 남매는 현존해 있다.

지금도 큰 남동생이 태어났던 날에 있었던 일이 한 폭의 그림이 되어 잊히질 않는다. 초등학교 2학년 늦은 봄날이었다. 학교에서 돌아오는데 이웃집 할머니가 지팡이를 짚은 채 주름진 얼굴에 환한 웃음을 담고 어머니가 아들을 낳았다고, 우리 형제들에게 알려주기 위하여 기다리고 계셨다. 한 가정의 경사뿐 아니라, 온 마을의 경사였다.

부모님과 선대로부터 베풀고 살아온 삶의 대가였으리란 생각이다. 다음 해 돌잔치를 일주일 가까이했던 것이 생각난다. 해방 직후 우리 국민은 배고픔에 시달리는 고난의 세월이었다.

그 후 부모님은 큰 남동생의 직장 관계로 수대가 살아온 고향을 떠나야 했다. 산수골 고개를 넘던 날, 차 안에서 고향 떠나는 아쉬움에 많은 눈물을 흘리셨단다.

어머니는 선교사가 세운 기독교 학교에 다녔으므로 기독교인이었지만, 유교 사상에 익숙해 있는 시대의 풍속을 뛰어넘을 수는 없었다. 남존여비 사상과 씨족 사회 속에서 어머니가 겪어야 했던 고통을 떠올린다. 하지만 중년 말기에 심각한 병으로 교회에 다니는 것을 아버지께 허락받아 권사의 직분으로 사셨다.

어머니 살아 계실 때, 어느 주일 아침 일찍 전화벨 소리에 수화기를 들고 보니, 어머니의 흥분과 환희에 뒤엉킨 목소리다. 너의 아버지가 새벽에 잠을 깨면서 오늘 나도 교회에 갈 수 있겠느냐고 하셨단다. 그 날은 큰 남동생의 세례식이 있는 날이었다.

무엇과도 바꿀 수 없는 귀한 아들이 세례식을 한다니까 몹시 궁금하셨기 때문이다. 그 후 주일예배에 참석하셨고 장례식도 기독교식 장례로 하였다. 아버지가 소천하시고 2년 후에 어머니의 팔순 행사가 있었다. 어머니도 8년 후 88세로 영면의 길을 떠나셨다. (2013. 5)

자수성가와 조각 이불

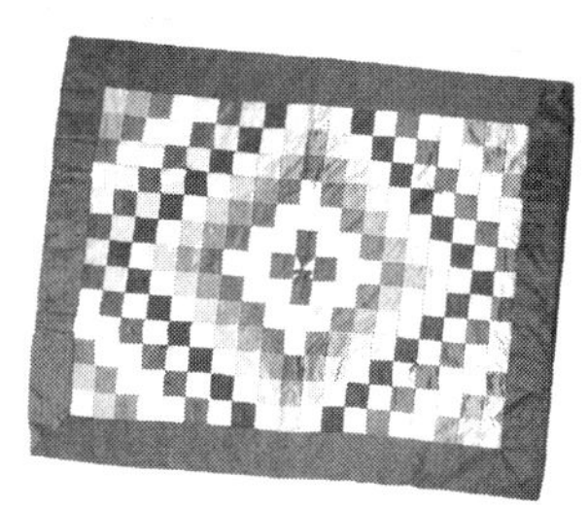

성공하리라는 확신도 이후의 행보도 모르는 채 무엇인가 해야만 한다는 욕망과 의무감만이 내 속에서 꿈틀대며 절규하고 있었다.

두 다리를 뻗고 있는 다리를 베개 삼아 곤히 잠든 내 아이들을 본다. 나의 손에는 벙어리장갑 손등을 짜기 위하여 코바늘과 털실이 들려 있다.

백화점 앞 골목 책방에서 사 온 뜨개질 본의 일본 책을 보며 무지개색을 맞춰 벙어리장갑 손등을 짜고, 손바닥은 동리 아줌마에게 가르쳐 주어 완제품을 남대문 백화점에 내다 팔았다.

그 시절에는 우리나라에서 발간하는 뜨개질 책은 찾아볼 수가 없었다. 시도 때도 없이 사업 실패의 한을 술로 달래려는 듯한 남편의 모습에서 더 이상 의지할 수가 없다는 것을 깨달았기 때문이다.

마지막 전세방까지 없애고 내 바로 위 언니집 문간방에 얹혀살 때였다. 다행인 것은 은행 융자나 남에게 빚진 것이 없는 게 감사의 조건이었다.

하지만 장갑 짜내는 것만으로 생활을 지탱하기란 역부족이었다. 우리 아이들을 보면서 어떻게 해서라도 일어서야 한다는 욕망에 대한 집착과 끈기가 나로 하여금 이불 사업에 뛰어들게 만들었다. 미지의 세계로 도전한다는 것은 극치의 모험심이 아니고서는 안 된다. 바느질에는 어느 정도 소질이 있어서였다.

이웃집 지인에게서 자본금 5만 원을 이자로 빌려 동대문 광장시장에 원단을 사서 만들기 시작했다. 원단을 사 가지고 온 날에는 뜬눈으로 밤을 지새웠다. 여름철이라 처음에는 여름 조각 이불을 만들어 친구들과 지인들에게 부탁하여 소비시켰고 가을로 접어들면서 공단 조각 이불을 만들었다.

그 시절에는 전체가 연탄을 때던 때라서 아랫목 이불이 필요할 때였다. 시중에 이불 가게도 공단 조각 이불이 유행하는 시절이었다.

시중에 있는 것과는 차별화해야 한다는 생각으로 차를 타고 다닐 때에도 잠들기 전까지도 온통 디자인에 몰두했다. 또한 공단 원단은 올이 잘 풀려서 촛불로 지져야만 했다. 재단하는 것과 촛불로 하는 것은 남편이 책임지기로 하고 견본을 만들어 낸 것이 성공적이었다.

9가지 색을 배색으로 247쪽의 사각 모양의 조각으로 이어졌다.

옆집 아줌마가 와서 구경하고, 계팀에게 줄 11개를 만들어 달라고 한다. 신뢰를 받아 성공하기 위해서는 우선 색상이 아름다워야 하지만 자제를 좋은 것으로 써야 하고 바느질이 꼼꼼해야 한다는 것을 신조로 했다. 계팀으로 나가기 시작하면서 인기가 좋아 미처 만들어 내지 못하여 밀려 나가는 실정이 되었다.

문제는 작업장이었다. 언니집 문간방에서 이불 사업을 한다는 것은 불가능했다. 둘째 남동생이 직장생활하면서 하숙을 하고 있을 때라서 남동생을 우리가 데리고 있을 것을 전제로 아버지께 부탁하여 장승배기 대로변 4층 건물 옥상에 전셋집을 얻어 주어 그곳에서 전폭적인 이불 사업을 하게 되었다.

그 일대에서 가장 큰 건물이었다. 3층까지는 상가와 사무실로 되어 있고 4층에는 아파트식 살림집으로 되어 있어 현대식 화장실이며 넓은 거실과 100여 평이 넘는 넓은 마당이 있었다. 힘든 생활 속에서도 4층에 올라오면 가슴이 펑 뚫리는 것 같은 상쾌함이 있어 마음에 흡족한 집이었다.

비록 남동생의 결혼 자금의 조건이 붙었지만 우선 아버지의 배려에 감사했다. 엘리베이터가 없어 오르고 내리는데 힘이 들었지만, 대로변이라서 물건을 들이고 나가는 데는 무리가 없었다.

마당이 넓어 겨울에 눈이 쌓이면 그 위에 물을 뿌려 얼려서 스케이트장을 만들었다. 아들과 딸이 스케이트 연습을 할 수 있었고, 그로 인해 아들의 초병 군 시절에 스케이트 대회에서 우승하여 포상 휴가를 받기도 했다.

이불 사업을 하는 동안 하루에 3, 4시간밖에 잘 수 없는 나로서는 잠 좀 실컷 자는 것이 소원이었다. 집에서 재단하여 조각을 박음질해 오는 미싱사 아줌마들이 있었지만, 솜 일을 하는 아줌마의 일거리를 대주기 위해서 중요한 부분의 완성은 내가 해야 했다.

원단 구매하는 것, 배달하는 것, 온라인이 없는 시절이라 매월 계주를 상대로 수금하는 것 등 1인 4역을 하고 있으니, 밥 먹는 시간 외에는 여유로운 시간이란 멀기만 했다. 4년쯤 되니 노력의 대가가 연립주택 20여 평짜리를 구입할 수 있는 돈이 모아졌으며, 아버지가 준 전세금도 남동생의 결혼 자금으로 갚아줄 수가 있었다.

그 당시는 연립주택이 유행처럼 건축되고 있을 때였다. 남편과 상의하여 집은 다음 기회로 미루고 고향 쪽에 있는 임야를 사기로 결정했다. 큰 남동생이 고향 쪽에서 중고등학교 교직 생활할 때라 정보 제공을 받아 임야를 구입하였다. 우리에게도 땅을 가졌다는 안정감과 자부심이 있을 뿐이었다. 이불 사업을 하면서부터는 남편에게 돈을 맡기지 않고 내가 관리했으며 남편도 잘 따라주었다.

이불계도 처음에는 중산층으로 팔리던 것이 세월이 지나면서 서민층으로까지 확장되면서 11개가 한 팀으로, 7개가 한 팀으로 조정했다. 계팀으로 조직되면 월부가 끝나면서 다시 조직하여 연속적으로 하기 때문에 계주 한 사람이 수백 채씩 하기도 한다.

나이 지긋한 초등학교 여교사들까지도 계주로서 주문이 오면 방과 후에 용달차로 학교 운동장까지 들어가 배달해 주었다. 내 집도 없이 살고 있었지만 나의 호칭은 이불 집 사장으로 통했다.

여름이면 삼베 홑이불, 가을이면 누비이불, 방석, 베개에 이르기까지 모두가 계팀으로 하였기 때문에 누구에게 팔아달라고 구차한 부탁을 하지 않아도 되었다. 우리집 물건이 인기가 좋았던 것은 디자인과 색상이 아름답기도 하지만 첫째는 바느질이 꼼꼼하여 아무리 세탁기에 돌려도 변질이 없었다.

처음 바느질할 수 있는 미싱사 출신 아줌마들에게 내가 직접 박음질한 견본을 준 후에 박음질해 온 물건이 거칠다고 생각되면 그들 보는 앞에서 모두 뜯어놓고 다시 박음질해 오게 했다. 부엇이는 처음 습관이 가장 중요하기 때문이다. 그래서인지 수많은 물건이 나갔지만 단 한 번도 반품되는 물건은 없었다.

247쪽의 9가지 색의 조화로운 배색과 4면에 단을 대고, 중앙과 네 모퉁이에 액세서리가 어우러져 화초 이불로 불리었다. 아랫목 이불로 시작했지만, 아이들이 좋아하는 이불로 각광을 받으면서, 아이가 여러 명인 경우에는 다시 구입해야 한다고 했다. 외국에 나가는 사람들도 선물용으로 많이 사 가지고 갔다.

이불 사업을 하면서 많은 사람을 만날 수 있었고 많은 사람들과의 만남 속에서 심리 파악도 할 수 있었다. 결코 좋은 일만 있는 것은 아니다. 때로는 사기 근성으로 접근하는 사람이 있어 많은 손해를 보는 일도 있었다. 무에서 유를 창조한다는 것. 한 가정을 책임지고 일으켜 세운다는 것이 희생 없이 될 수 있었을까?

수금을 하기 위하여 평지로부터 산 동리에 이르기까지 수 시간을 걸어 집에 돌아오면 다리는 퉁퉁 부어오르고 발이 아파서 주저앉고 싶었지만 그럴 수 없다. 새벽까지 재봉틀에 앉아 일해야 했다. 왼쪽 엄지발가락 밑 뼈가 툭 튕겨져 나와 있어 신발 신기가 괴로울 때가 많다.

딸이 결혼하고 얼마 안 되어 병원에 입원해 있을 때 사위가 내 발을 보면서 어머니 발이 왜 이렇게 되었느냐고 묻길래 '이것도 자랑할 수 있는 면류관'이라고 농담을 하면서 말꼬리를 흐렸다.

결코 자랑할 것도 내세울 만한 것도 없는 지극히 평범한 삶에서 그저 '최선을 다하였고 열심히 살아왔노라.'고 말해주고 싶을 뿐이다.

딸의 혼수 이불을 하면서 지금에 있기까지 궁핍에서 벗어나게 해준 조각 이불을 기념으로 이불 짐 속에 넣어 보냈다.

지금 글을 쓰면서 내 삶의 가장 고통스럽고 힘들었던 때가 떠올라 눈물이 흐른다. 하지만 인내와 노력의 대가는 나에게 행복을 안겨주었다.

시간은 누구에게나 평등하게 주어진 재산이란 말이 있다. 시간을 한 번 놓치고 나면 후회해도 잡을 수 없는 구름이란 말도 있다.

과연 나는 얼마만큼의 시간을 보람이란 끈으로 잡아 올렸나를 생각해 본다.

(2012. 9)

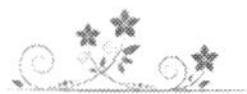

딸의 결혼과 들러리

옷 정리를 위해 장롱 서랍을 들춘다. 레이스 달린 예쁜 흰색 드레스가 보인다. 순간 3년 전 딸 유진이의 결혼식 장면이 떠오른다. 손녀 은지가 들러리를 서기 위해 내가 직접 만들어 준 드레스다.

유진이가 결혼하기까지 많은 에피소드가 있다.

요즘 젊은이들은 결혼에 대하여 너무 무감각적이다. 선택의 기로에 연연하지 않는 자유로움에 숙련되어 살아가고 있다. 부모들의 애타는 마음은 안중에도 없다. 유진이가 35살이 넘으면서부터는 초조로움만이 나의 전부를 끌어안고 있는 기분이었다.

종교가 동일하지 않으면 맞선조차 보일 수 없어 종교인들은 더욱 힘들다. 어느 날엔가 신문을 펼쳐 광고란을 검색해

보았다. '기독교인 전문 결혼 소개소'란 문구를 보면서 어느 정도의 희망적 안도감이 주어진다. '쇠뿔도 단김에 빼랬다.'는 속담이 떠올라 소개소를 찾아 회원 가입을 해놓았다. 딸과는 한마디의 상의도 없었다. 세 번째로 맞선 보는 날이다. 본인 못지않게 긴장하고 애타는 것이 엄마의 마음이다.

퇴근길에 맞선을 보고 돌아온 딸의 표정을 살폈다.

내가 원하고 있는 말을 듣기 위해 "다시 또 만나기로 했니?" 물어보는 순간 유진이의 입에서 튀어나온 소리는 의외였다. "엄마 만약에 소개소에서 다음에 또 연락이 오거든 그때는 엄마가 대신 나가서 만나세요.” 볼멘소리뿐이다. 자기는 절대로 다시는 나가지 않겠다는 것이다.

대화가 통하질 않는 모양이다. 기가 막힌다고 해야 하나, 함께 웃어 넘길 수밖에. 맨 처음에 만났던 사람은 직장으로 계속 전화가 와서 스팸 번호 차단까지 해놓았었다. 딸과 상의 없이 나 혼자서 저질러 놓은 일의 발단이라서 훈계조차 할 수 없었다.

남편의 암 진단과 수십 번의 방사선 치료, 인생은 자기와의 합리화라고 했다. 남편의 생(生)과 사(死)의 기로에서 가장 절실한 것이 유진이의 결혼 문제로만 느껴진다는 것이 얼마나 가소로운 나만의 독선이었던가.

그런 일이 있던 얼마 후에 유진이의 퇴근 시간이면 집에까지 차로 대워다 주는 사람이 있는 눈치였다. 하루는 프러포즈를 받았다면서 집으로 데려와 인사를 시킨다. 유진이는 미술이 전공이지만 유치원 때부터 배운 피아노로 하여금 교회 반주자로 봉사하고 있었다.

현재 사위는 초교파적인 찬양 팀에서 알게 된 사람이다. 그래서인지 유진이가 사위를 부르는 호칭은 오빠로 통한다. 남편의 건강 관계로 결혼을 서둘러야만 했다. 결혼식장에서는 건강상 남편이 유진이의 손을 잡고 행진을 할 수가 없어 신랑, 신부가 손을 잡고 행진하기로 하였다.

결혼식 날짜가 정해지면서 나는 너무 바쁜 시간에 직면했다. 혼수 이불도 직접 만들어야 했다. 하루는 며느리가 열심히 인터넷 검색을 하는 모습이다. 왜냐고 물었더니 손녀 은지의 들러리 드레스를 찾아보는 중이란다.

은지의 제안으로 손자 하헌이와 같이 고모의 결혼식에 들러리를 서기로 약속이 되었다는 것이다. 가족 모두 찬성이었다. 내가 봐도 마음에 드는 드레스가 없다. 내가 직접 만들어 입히기로 하였다.

하헌이의 것은 검은색 정장, 검은 구두, 베레모에 흰색 와이셔츠는 시중에서 구입이 가능했다. 핑크색 나비넥타이만 은지 드레스 벨트 리본에 맞추어 만들어 주었다.

하얀 드레스, 흰 스타킹, 흰 구두에 꽃장식의 화관을 쓴 10살짜리 은지와 검은색으로 치장하고 핑크색 나비넥타이로 맵시를 뽐낸 4살짜리 하헌이. 두 아이의 손에는 꽃송이가 들려 있다.

웨딩곡이 시작되면서 신랑, 신부와 들러리의 행진이다. 식장을 가득 메운 하객들의 시선이 집중되는 순간 하헌이의 발이 군대식으로 쭉쭉 뻗는다. 옆에서 나란히 걷던 누나를 힐긋힐긋 훔쳐보는 귀여운 모습에 축하객들에게 웃음을 선물했다.

남편은 항암치료로 탈모가 심하여 모자를 쓰고 병색이 완연한 얼굴로 내 옆자리에 앉아 딸의 결혼식 장면을 보면서 얼굴 가득 행복한 미소를 짓고 있었다. 이 세상에서의 마지막 미소를….

3년이란 길지 않은 세월 속에 많은 변화가 있었다. 딸의 결혼과 더불어 태어난 외손녀 '하린'이가 두 돌을 맞았고 그해 마지막 달에 영면(永眠)의 길로 떠나버린 남편, 들러리 섰던 은지는 중학생이 되어 내 키보다도 훌쩍 커버렸다. 4살짜리 철부지였던 하헌이는 의젓한 초등학생이 되어 학교로, 이곳저곳 학원으로 오후 6시가 넘어서야 돌아올 때가 많다.

변화의 삶은 우리에게 너무나 익숙해 있다. 내일을 모르고 살아가고 있는 것이 우리 인생이 아니런가!

은지의 들러리 드레스를 장롱 서랍 속에 고이 접어두었다가 먼 후일 혹여라도 외로움에 마음이 시려오거든 드레스를 펼쳐 놓고 행복한 미소를 한가득 담아 보리라.

(2013. 12)

주님이 지켜주신 병실

아파트 후문 소방도로 사이로 병원이 있어 앰뷸런스에서 내는 소리가 심심치 않게 들린다.

남편이 살아 있을 때 구급차 소리가 나면, 뇌진탕으로 피범벅이 된 나를 구급차에 싣고 요란한 소리를 내면서 응급실로 향하던 일이 생각나 소름이 끼친다고 하였다.

모든 것은 시작이 있으면 끝이 있는 법이다. 잘 나가던 이불 사업도 유행이란 세파에 밀리면서 다른 사업을 알아보는 시기였다. 그럴 즈음 가운사를 운영하는 지인이 건강 관계로 처분하려던 참이라고 나에게 맡아서 해보라는 권고가 있었다. 권리금도 받지 않겠단다.

생판 모르는 미지의 분야에 뛰어든다는 것이 두렵기도 했지만, 무엇인가를 선택해야만 한다는 생각이 가운사를 운영하게 만들었다.

주로 병·의원 가운과 회사나 공장의 단체복과 유니폼을 만드는 곳이다. 단체복은 대, 중, 소로 하면 되지만 병·의원의 의사와 간호사들의 가운은 일일이 사이즈를 재고 가봉까지 해야 했다.

결코 쉬운 일이 아니었다. 사이즈 재러 다니는 것이며 원단 구입과 납품, 주문, 직원들 관리에 출퇴근까지 해야 했다.

내가 정신이 들었던 날, 수술 담당 의사는 "아주머니는 정말 기적입니다."라고 하였다.

1~2mm 차이로 전신 마비되는 신경을 비켜 다쳤다는 것이다.

설상가상으로 남편은 그 당시 오른쪽 팔 마비로 병원 치료를 받고 있을 때였다. 병원에서의 검사 결과는 아무런 이상이 나타나질 않는다고 하였지만, 글씨는커녕 숟가락질도 못 하는 상태였다. 그때부터 그렇게 좋아하던 술은 줄였다.

나는 가운사를 운영하면서 체중은 50kg으로 줄었다. 생활을 위해서는 어떤 난관도 이겨내야만 했다.

어느 날 간호사 가운 납품할 것을 싸 들고 시흥으로, 안양으로 한 바퀴 돌아와야 할 참이었다. 첫 번째 대림성모병원 간호사 가운 납품

차 건널목을 건너는 순간 달리는 오토바이에 받혀서 3~4m 밖으로 나가떨어졌다. 남편이 사고 소식을 듣고 달려와 구급차에 태웠다.

대형 병원에서 검진 후에 다시 명지성모병원으로 옮겨 입원하게 되었다. 나중에 안 것이지만 명지성모병원 원장은 뇌수술 전문의이었다. 개원한 지가 얼마 안 되어 뇌 검진의 첨단장비 부족으로 대형 병원에 가서 검진을 받아야 했다.

다행히 보험에 가입된 파출소 방범대원의 오토바이여서 보험 처리할 수 있었다. 뇌진탕과 갈비뼈가 부러졌고 정신도 잃은 상태였다.

가해자는 자기의 책임 회피를 위하여 내가 무단횡단을 했다는 진술로 증인이 필요했다고 한다. 병원 앞이라서 교통사고로 입원해 있는 가족을 문병하기 위하여 왔던 손님이 사실대로 증언해 주었다. 같은 피해자의 입장에서 이심전심이 아니었을까?

중환자실에 20여 일 있었다고 하지만 나는 3일 정도밖에 생각이 나질 않는다. 내가 정신이 들었던 날, 수술 담당 의사는 "아주머니는 정말 기적입니다."라고 하였다.

1~2mm 차이로 전신 마비되는 신경을 비켜 다쳤다는 것이다. 완전히 깎여 버린 머리에는 하얀 모자가 씌워져 있었다. 뒷머리 두 번의 수술은 혼수상태에서 이루어졌기 때문에 전혀 기억이 없고, 세 번째 수술은 2~3개월 후 두 번의 수술 시에 양쪽 이마 옆쪽으로 고인 피를 긁어내기 위하여 뚫린 곳에 인조뼈를 넣고 봉합하는 수술이었다.

수술실로 들어갔다. 또다시 머리는 사정없이 깎이고 마취 의사와 직원들에게 기도를 부탁하는 말을 들으면서 나는 하나, 둘… 숫자를 세었다.

수술 후 정신이 들었을 때엔 얼굴은 눈이 감길 정도로 퉁퉁 부어오르고 마취에서 깨면서 수술 부위가 너무 아팠다. 그 통증을 무엇에 표현해야 할까? 벽에 걸린 십자가를 본다. 순간 예수님의 가시 면류관을 생각한다. 흐르는 눈물은 그칠 줄 모르고 베갯잇을 적신다. 그 밤이 가고 아침잠에서 깨었을 때 통증이 사라졌다. 있을 수 없는 일이다. 이런 일을 두고 기적이라고 한다.

'내가 사망의 음침한 골짜기로 다닐지라도 해(害)를 두려워하지 않음은 주님 나와 함께 하심이라.' 성경 말씀이 떠올랐다.

창밖에 눈이 내리면 겨울인가 하고, 햇살이 따사로운 날엔 봄인가 느끼면서 집에는 중3의 아들과 중1에 입학하는 딸과 오른손 마비된 남편이 있었건만 마음은 왜 그리도 평안하기만 했을까? 마치 휴양지에 와서 편히 쉬고 있는 철없는 아이 같은 심정이었다.

살림은 지방에 사는 친척이 와서 돌보아 주었다. 형제들이 문병을 오면 한 달 전에 있던 일을 어저께라 하고 열흘 전에 있던 일을 물어보면 그저께라 하는 나를 보면서, 나 보는데 눈물 보일 수가 없어 집에 돌아가서 눈물을 흘렸다고 한다.

병원 생활 9개월 기억력 상실, 후각 신경마비, 시신경 저하 어지럼증이란 5급 장애 등급을 받았다. 여름의 끝자락 무덥던 하루 '주님 지켜주신 병실'을 뒤로 하고 사랑하는 가족들 품으로 돌아오던 날에도 성경 말씀만이 나에게 큰 위로가 되어 주었다.

'두려워하지 말라. 내가 너와 함께 함이라. 놀라지 말라. 나는 네 하나님이 됨이라. 내가 너를 굳세게 하리라. 참으로 너를 도와주리라. 참으로 나의 의로운 오른손으로 너를 붙들리라.'

퇴원 후 얼마 동안은 건널목을 건널 때 누구의 손이라도 붙잡아야 했다. 달려오는 차와 오토바이가 나를 덮칠 것 같은 무서움 때문이다. 하지만 긴 세월 인생이란 미로를 묵묵히 걸으면서 나는 오늘도 이렇게 현존하고 있다.

'하나님을 사랑하는 자 곧 그의 뜻대로 부르심을 입은 자들에게는 모든 것이 합력하여 선을 이루느니라.'라는 말씀 안에서 감사하는 마음으로….

(2013. 2)

어린 손자의 눈물

현충일이다. 봄의 끝자락과 초여름의 싱그러움을 만끽하며 우리 가족은 이천에 있는 호국원으로 향했다. 수개월 전 세상을 떠난 남편의 영정이 있는 곳이다.

중부고속도로를 타고 달리는 차는 공휴일이지만 막히지 않고 달렸다. 창밖의 풍경은 연초록 소녀의 청순함을 띠고 살랑거리는 나뭇잎들이 미풍에 흔들리며 여름을 준비하고 있는 것이다.

오랜 시간 남편의 병시중으로 온 가족이 긴장 속에서 지내온 것도 세월 속에 묻힌 양 드라이브하고 있는 기분이다. 가족이란 떼어놓으려 해도 떼어지지 않는 혈연의 끈으로 묶어놓은 원초적인 공동체이기 때문인가 보다.

수도 없이 많은 차들은 제각각의 목적지를 향하여 달려간다. 차들이 달리는 목적지는 분명하고 다시 돌아온다는 희망을 가지고 달리지만, 우리 인생의 길은 그렇지 않다. 목적지를 향하여 가는 길은 돌아올 수 없는 오직 한길뿐이기 때문이다. 유명을 달리한 자들이 있는 곳을 가는 길이기에 차 속에서 인생에 대한 생각을 떨칠 수가 없었다. 호국원까지 수 킬로미터를 남겨놓고 차가 밀리기 시작했다.

집에서 2시간이면 갈 수 있다던 것이 4시간이 넘어 도착하였다. 주차장에 차를 세울 공간이 없다. 마침 점심시간이라 가족 단위로 나무 그늘에 자리 잡고 앉아 준비해 온 먹거리를 펼쳐 놓고 앉았다.

이곳 호국원은 2008년 5월 1일에 개원했다. 우리 민족의 우수성과 독창성을 나타낼 수 있는 사회, 문화, 예술, 과학 등의 테마 중심의 이미지 장식으로 되어 있는 봉안 시설이다. 탑 전체가 국난 극복과 조국 발전의 내용을 살린 벽화 형식으로 역사 교육과 자연 친화적 시설로 되어 있으며 총 5만기를 수용하도록 계획되어 있다.

펄럭이는 태극기와 근엄한 분위기로 나도 애국자가 된 기분이다. 우리는 차 한 대가 빠져나가서 주차하고 긴 언덕을 따라 올라가서 남편의 안치단 앞에 섰다. 이날은 안치단 문이 전체적으로 개방되어 있었다. 안치단 내에는 봉안함 두 개가 들어가게 되어있다. 빈자리에는 배우자가 들어갈 자리다. 몇 년이 될지, 몇 날이 될지 모를 나의 삶을 되돌아보며, 만감이 교차하는 순간이다.

누구에게도 보이고 싶은 삶이 아닌, 낮은 자리에서 묵묵히 겸손함으로 최선을 다하는 삶이기를 원한다. 후회 없이 떠날 수 있는 삶.

봉안함에 붙어 있는 남편의 사진이 눈에 들어온다. 아들이 손자를 안아 들어 주면서 할아버지께 인사를 하라고 했다. 손자는 사진을 보자 울먹이는 목소리로 "할아버지, 안녕하셨어요?" 하더니 흐느끼기 시작했다. 그곳에서는 찬송가를 부를 수 없고 성경 구절만 읽고 간단한 기도밖에 할 수 없다. 다른 사람에게 방해가 되기 때문이다. 기도하는 중에도 손자의 흐느끼는 소리로 모두 눈물이 맺혔다.

남편의 장례를 치르고 며칠 후의 일이다. 아들과 며느리가 퇴근하기 전 나와 손녀, 손자 셋이서 저녁 식사를 한 후 손자는 "할아버지가 없으니까 참 편안~하다!" 하면서 긴~숨을 내쉬었다.

어린아이는 거짓말을 못 한다. 자기 생각 그대로 내뱉을 뿐이다.

'씨는 뿌린 대로 거둔다.'고 했다. 늘그막에 얻은 손사이기에 누구보다 사랑하면서도 너무 엄격하였다. 우는 것, 떠드는 것, 뛰는 것들을 배려할 줄 모르는 성격 탓에 가족들에게 좋은 추억을 남겨주지 못한 사람이다. 할아버지의 엄한 훈계가 무서워서 나에게 달려와 품에 안겨 숨을 죽여 흐느낄 때가 많았다.

눈물에는 감정적인 눈물, 자극적인 눈물, 분노의 눈물이 있다고 한다. 내 품에 안겨 쏟은 눈물이 자유를 억압당하는 두려움의 눈물이었다면 오늘의 눈물은 가장 자유로운 감정에 복받친 그리움의 눈물이 아니었을까! 남편이 하늘나라에서 어린 손자의 흐느낌을 보고 있다면 얼마나 대견하고 사랑스러울까!

피는 물보다 진하다고 누가 그랬던가. (2011. 6)

아버지의 1주기를 맞으며

아버지! 부르고 싶은 이름입니다
또 불러 보아도 그리워 들리는 이름입니다
하나 대답은 없고
돌아오는 건 메아리뿐 바람뿐

유월에 고향이 있어 고향에 옵니다
아버지 모습 담긴 고향입니다
아버지 음성 들리던 고향입니다

객지살이 늙어져도 그리움은 고향입니다
옛집은 허물어져 가도
그곳에 추억이 있어 그리움입니다

하늘을 보니 옛 하늘 그대로입니다
소나무 서 있는 청산이 그대로입니다
보이지 않음은 반기시던 아버지 모습뿐
들리지 않는 건 아버지 음성뿐

울어 짖는 산새 소리 지금도 들리건만
대답 없는 음성 그리워져
부르는 것은 아버지~ 그 소리뿐
부르면 듣는 이 없고 부르는 소리만

허공에 맴돌다 맴돌다 되돌아옵니다
하지만 다시 부르고 싶어 아버지~
부르고 나면 바람 타고 보고파서
눈물방울 되어 다시 돌아옵니다

눈에 익은 풀포기 깔린 길 돌아올라
둥그런 무덤 앞에 섭니다
열두 달 전에 생긴 무덤입니다

육친의 정 그리워 삼백 리 길 달려왔건만
맞아주는 건 무덤뿐
허전하여 하늘을 봅니다

하늘이 보이고 태양이 보이고

결코 비굴하지 않고 결코 누구에게도 의지하지 않고 철두철미한 애국정신과 사상관, 고집스럽도록 빗나가지 않던 그 정신! 엄하면서도 다정다감하시던 아버지

내 숨 쉬는 동안 아버지~
당신 기리는 정은 영영 다시 부르고 싶을 겁니다

열두 달이 다시 가고
열두 해가 가더라도
잊히지 않음은
그 모습 그 음성 그 이름
아버지~ 부르고 싶을 뿐입니다

- 아버지 일주기를 맞아 추모하는 마음에서(1989. 6)

아버지가 소천하신 지 열두 달이 지났군요.

생전에 그리도 인자하시던 모습 뵈올 길 없고 그 음성 들을 길 없어 아버지 영전에 이 글을 드립니다.

소천하신 아버지는 천국에 계시건만 흙에 묻혀 흙으로 돌아가신 아버지의 생전의 모습은 저희들 마음속에 영영 살아 계심을 어찌합니까. 지금도 고향 동산 아버지 묻힌 선산에 서고 보니 대머리가 유난히도 빛나시던 위풍당당한 자애로우신 아버지의 모습이 마을 어귀에 나타나실 것만 같은 착각입니다.

수년 전 서울로 이사하시던 날엔 수대가 살아온 정든 고향 떠나는 것이 아쉬워 차 안에서 그리도 우셨다더니 이제 88년 전 당신이 태어난 고향 선산에 말없이 와 잠드셨군요. 병나시기 며칠 전 제가 친정에 갔을 때, 때가 되어 일어서면 "벌써 가니? 밥 먹고 자고 가지 않구."

하시면서 아쉬움 담긴 눈빛엔 사랑이 담겨 있었습니다.

6·25 때가 생각납니다. 서울로 시집간 딸이 걱정되어 바깥마당을 서성이며 기다리다가 지쳐서 입술이 부풀던 것을 저희들은 기억합니다. 많은 식구들을 거느리면서도 짜증 한 번 안 내시고 특별한 날이면 베풀어 먹이는 것을 낙으로 사셨던 아버지셨습니다.

결코 비굴하지 않고 결코 누구에게도 의지하지 않고 철두철미한 애국정신과 사상관, 고집스럽도록 빗나가지 않던 그 정신! 엄하면서도 다정다감하시던 아버지가 계셨기에 많은 자녀가 그릇되지 않게 옳은 길로 살아왔고 살아갈 것입니다.

무더위가 다가오면서 유년 시절 고향집 사랑방이 생각납니다. 여름철이면 사랑방은 피서지 역할을 해주었습니다. 주로 아버지 친구분들의 접대 장소였지만 아버지 혼자 계실 때에는 사랑방에서 아버지와 바둑 오목을 두고 때로는 장기판을 놓고 친구분과 장기를 두시면서 "장이요." 하는 큰소리가 궁금하여 장기 패가 다니는 길을 배우기도 했습니다. 바둑 두는 기초적인 것도 가르쳐 주셨지요.

아버지! 당신을 기리는 것을 어찌 글로 다 표현할 수 있겠습니까.

때로는 학교에서 돌아와 아버지가 보이지 않으면 거울 옆에 걸린 아버지의 세수수건에 코를 묻고 냄새를 맡은 적이 많았습니다. 아버지의 체취가 좋아서였습니다. 아버지를 향한 그리움은 영원할 것입니다. 당신의 품에 있을 때 저희들은 가장 든든했고, 평안했으며 즐거웠고, 행복했음을 고백합니다.

아버지 소천하시고 20여 일 후에 큰형부 또한 떠나셨습니다. 인생무상을 다시 한번 실감해야 했습니다. 철학자들의 말에 의하면 삶은 연기된 죽음에 불과하다고 하였습니다. 그렇지만 죽음은 영원을 잃어버리는 것이 아님을 말씀드리고 싶군요.

천국으로 가신 부모님은 먼저 가셨을 뿐 언제가 될지 모를 그날에는 저희들 또한 영원 속에서 만날 수 있다는 믿음만을 품고 있으니까요.

사람들은 말합니다. '삶이란 한 조각구름이 일어남이요, 죽음이란 한 조각구름이 스러짐이다. 구름은 본시 실체가 없는 것, 죽고 살고 오고 감이 모두 그와 같도다.'라고요.

아버지! 그렇지만 저는 성경 말씀만을 믿으며 영원 속으로 나가고 있습니다. 오늘도 묘지 앞 잔디에 앉아 아버지가 남기신 여러 남매 성경책 펼쳐 놓고 추모예배를 드렸습니다.

영원을 기리면서….

(2019. 5)

추석 명절과
대자연의 경이로움

말매미 소리에 단잠을 깨우던 날이 며칠 전인가 싶다.

말매미는 높은 온도에서 잘 사라기 때문에 고층 건물인, 열이 잘 빠져나가지 못하는 도심을 좋아한다. 매미 중 가장 소리가 크며 도시 소음 공해의 산물이라고 한다.

그런데 어느 날부터인가 매미 소리가 들리지 않는다. 귀뿌리를 스치는 살랑바람이 시원하게 느껴지면서 가을의 전령사인 양 귀뚜라미 소리가 청아하게 들려온다.

추석 명절이 다가오면서 마음도 몸도 무거워진다. 무릎 관절염으로 걸음걸이가 불편하여 시장 보는 것이 가장 힘이 든다. 명절이 다가올 때마다 기독교 가정이란 자긍심으로 뿌듯하다. 제사를 지내지 않고 추모예배로 드리기 때문이다.

그렇지만 손자가 좋아하는 식혜를 해야 하고 가족들이 좋아하는 먹거리 준비를 해야 한다.

사야 하는 것들을 적어 가지고 다니지 않으면 빠지기 일쑤여서 두 번 세 번 시장 걸음을 해야 할 때가 많다. 손에 들고 다니기가 힘이 들어 손수레는 나와 떼어 놓을 수 없는 짝꿍이 되어 버렸다.

어느 해부터인가 야채 부침이 우리집 단골 메뉴로 등장하면서 계란 30개짜리 2판 반, 느타리버섯 한 상자, 깻잎, 소고기, 맛살, 쪽파 한 단, 청양고추 약간 큼직한 스테인리스 통에 간을 맞추어 섞은 다음 재료를 완성하여 놓으면 부침질은 며느리와 손녀 은지가 맡아서 한다.

친정 조카들이 선물상자를 들고 와서 고모네 부침개가 가장 맛이 있다면서 맛있게 먹는다. 나누어 먹어야 할 사람이 많아 적게 할 수가 없다. 나눈다는 것은 즐거움이다. '더도 말고 덜도 말고 한가위만 같아라.'라는 말이 있다. 결실의 계절이기에 먹거리가 풍요롭고 나누는 즐거움이 있기 때문이 아닐까 싶다.

며칠 전 은지가 중학생이 되고 첫 중간고사가 있는 시기라서 호국원에는 추석날 다녀오자는 며느리의 청이 있었다. 5일간 긴 연휴라 차가 정체될 거란 것을 생각하지 못했다. 딸의 가족과도 약속하고 집에서 오전 10시에 출발하여 중부고속도로를 달렸다. 1시간쯤 달렸을까? 귀향 차량들은 잘도 달리건만 호국원 쪽으로 향하는 차들은 움직이지 않는다.

삶은 항상 선택 속에서 살아가고 있지만 한 치의 앞을 모르고 나아가는 것이 우리의 삶이다. 지루한 시간을 달래기 위하여 은지와 하헌이가 끝말잇기 게임을 시작한다. 우리 5식구는 움직일 줄 모르는 차 안에서 웃고 떠들면서 한참 동안 끝말잇기에 몰두하면서 가족애를 다독였다. 정오가 가까워 오면서 딸의 가족과 휴게소에서 만나기로 하여 그곳에서 합류했다.

세 살짜리 하린이는 피로감에 약간의 미열이 있었지만, 사촌 언니인 은지를 보자 좋아서 신이 났다. 휴게소에서 떠날 때는 은지도 하린이가 타고 가는 고모부 차에 합석하였다.

길게 늘어 서 있는 차 안에서 좌회전 신호등을 바라보고 있는 수 시간 우리가 호국원 안치단 앞에 도착한 것은 오후 5시 50분. 평일에는 오후 6시가 마감 시간이다.

휴… 안도의 한숨이 나온다. 그렇다고 누구 한 사람 불평하는 사람은 없다. 그저 순리로 받아들일 수밖에….

가족이기에 가버린 자를 위한 남아 있는 자들의 헌신이 아닐까. 성경 봉독과 기도로 예를 끝내고 내려오는 길에도 수를 헤아릴 수 없는 많은 사람들이 안치단을 향하여 올라오고 있다. 생명이 존재하고 있는 한 영원히 이어질 가족이란 인연과 사랑만은 영겁의 의무가 아닐까.

귀갓길에는 나는 사위가 운전하는 차에 올라야 했다. 아들은 처가에 들러야 하기 때문이다. 정문을 뒤로하고 조금 달린 후 잠깐 정차하는 순간 차창 밖으로 눈을 돌렸다. 탄성이 튀어나온다.

병풍처럼 둘러쳐진 산허리에 하루의 임무를 마친 태양이 이글이글 불타오르는 모습으로 붉은 노을 바다에 잠기려는 듯 당당한 위용(威

容)을 거두고 퇴각 준비를 하고 있는 황홀경의 찰나다.

전능자이신 창조주만이 할 수 있는 황홀한 연출인 것이다. 순간 모든 피로가 썰물에 씻기는 기분이다.

하린이에게 보여주고 싶어 뒷좌석을 돌아보니 하린이와 딸은 잠들어 있다. 살아 있음을 감사해야 하는 경이로운 순간이다. 돌아오는 길은 2시간밖에 안 걸렸다.

우리를 축복하고 있는 듯한 하늘에 걸린 보름달을 보면서 우리 인간이 얼마나 무력하고 왜소한 존재인가를 깨달아 보는 하루였다. 대자연 속의 한 구성원으로 더불어 지낸 금년 추석 명절 또한 내 기억 속에 경이로운 아름다움으로 저장되리라.

(2013. 10)

기도(祈禱)
- 치유의 공간

우울증 증세로 힘들 때였다. 아무리 둘러보아도 나를 위해 손을 내밀어 주는 사람은 없었다. 허허로운 벌판에 혼자서 서 있는 듯 고독만이 있을 뿐이었다.

남편의 음주로 인한 괴로움 때문이었다.

친정아버지는 술을 전혀 못 하셨다. 결혼하면서 매일 술에 취해 돌아오는 남편을 보면서 너무나 생소한 환경에 처하기 시작하였고 별난 세상 속에 사는 기분이었다.

술 취한 사람은 사리 분별을 못 한다. 잔소리의 일관일 뿐이다. 사람에 따라 천차만별이지만 남편의 술 습관은 참기 힘들었다.

한 번은 남편 동창 모임에서 부부동반 산정호수에 놀러 갔을 때였다. 자기 혼자 술에 취하여 혀가 꼬부라져 있었다.

다른 친구들은 배를 타면서도 부인을 챙기기에 바쁘지만, 남편은 자기 몸조차 가누지 못하고 돌아올 때에는 나의 부축을 받으면서 돌아와야 했다. 그 후 동창 모임에는 절대로 따라가지 않기로 결심했다.

사업 실패의 원인도 술 습관에 의한 집중력 저하와 책임감 실추로 인한 무능함 때문이 아니었을까 싶다.

교회 다니기 시작한 지 얼마 되지 않을 때였다. 기도도 할 줄 몰랐다. 성전에 나가서 의자에 앉기만 하면 눈물이 흘렀다. 내 마음을 의지할 곳은 기도뿐이란 것을 알기 때문이다. 남편을 용서할 수 있고 미워하지 않게 해달라는 것과 술 좀 끊게 해 달라는 기도가 간절했다.

욱이와 유진이 두 아이의 안녕을 소원하면서도 눈물은 그칠 줄 몰랐다. 아이들이 있었기에 참을 수 있었고, 용서할 수 있었고 더욱 열심히 노력할 수 있었음에 감사해야 했다.

'일흔 번씩 일곱 번이라도 용서하라.'는 성경 말씀은 삶의 교훈이 되어 주었다. 100% 용서의 뜻이었다.

인생이란 긴 다리를 건너면서 왜? 나만 이렇게 힘들고 고통스러운 삶을 살아야 하는가. 회의로 비탄에 빠질 때가 한두 번이 아니었다.

한 번은 친정어머니가 다니러 오셨을 때였다. 낮잠에 곤히 잠든 80이 넘은 어머니의 평화로운 모습을 보면서 '어머니 왜 날 낳으셔서 이렇게 힘든 삶을 살게 하시나요?' 하는 마음으로 어머니의 잠든 얼굴을 바라본 적이 있었다.

길을 걷다가도 차를 타고 가면서도 남편 또래의 남자들을 보면 안경 속에 흘러내리는 눈물을 주체할 수가 없어 사람들이 쳐다볼세라 손수건으로 눈물을 찍어냈다. 의지의 대상이 되어 주지 못하기 때문이었다.

아들 욱이가 6학년 때였다. 남편이 욱이를 데리고 관악산에 다녀오던 다음 날 아침 식사 시간이었다. 남편은 오른쪽 손이 움직여지질 않는다면서 숟가락질을 못 했다. 병원에서 사진을 찍어보고 모든 검사를 해 보았지만, 검사 결과는 아무런 이상이 없다는 진단이었다.

그 후로 술을 먹으면 머릿속이 화끈거려서 술을 거의 못 하게 되었다. 오른손이라 숟가락질은 왼손으로 하고 글씨도 쓸 수가 없었다. 별로 통증 같은 것이 없었기에 치료 방법도 없었다.

'승자는 구름 위에 뜬 태양을 보고, 패자는 구름 속의 비를 본다.'는 말이 떠올랐다. '강한 자가 이기는 것이 아니라 이긴 자가 강한 것이나.'라는 말도 있다.

기도의 응답이다. 남편 살아 있는 동안 나만이 알 수 있는 은밀한 사건이었다. 만약 남편에게 모두가 기도의 응답이라고 말해 주었다면 그가 받아들여 주었을까? 지금도 궁금하다.

나는 알고 있다. 기도만이 고통에서 벗어날 수 있는 삶의 진리라는 것을 그러기에 나는 호흡이 있는 동안 내일도 모레도 기도할 것이다.

(2013. 11)

3

선물로 받은 눈물

'내가 남에게 베푼 것은 마음에 새겨 두지 말고 남에게 잘못한 것은 마음에 새겨 두어야 한다.'는 말을 생각하면서 먼 훗날에 자주색 냄비 뚜껑 꼭지를 보면서 십여 년의 그 세월이 진정 행복하였노라고….

눈물로 고별의 선물을 담아둔 추억의 그릇 속에 잔잔한 미소를 담아 보리라. 행복한 세월이었노라고….

수레바퀴
따라가는 길

새로운 해의 아침이다. 미소를 가득 담은 듯 밝은 햇살이 창문 가득 채우고 있다. '황금개띠' 무술년(戊戌)이라고 떠들어 대고 있지만 무술년이 오기까지는 2월 16일까지 기다려야 한다.

음력설이 되어야 개띠 해를 상징하기 때문이다. 오늘은 2018년 첫날이다. 인생이란 여행을 하는 나로서는 여행하고 있는 방향을 모른다. 그저 인생이란 바퀴가 구르는 대로 따라가고 있을 뿐이다. 오늘이 있기까지 나의 여행은 그렇게 굴러왔다.

얼마 전 어지러움 증으로 제대로 된 활동을 못하여 가야 할 곳을 자제해야 하고 위장장애로 먹을 것도 먹지 못하고 있다.

늙음이란 자연적인 현상 속에서 찾아오는 것이 아닐까?

몇 주 전 수필 합평에도 참석지 못하였고, 일 년에 한 번뿐인 동인회 총회에도 못 나갔다. 다음날 전화벨 소리에 받고 보니 문우 Y선배의 음성이다. 반가움에 전화 주셔서 감사합니다. 하는 순간.

"사우나탕에는 가지 마세요." 이게 무슨 소리인가? 의아해하면서 "나는 젊어서부터 고혈압으로 공동목욕탕에는 안 다녀요." 말했더니 L문우가 사우나탕에서 심장마비로 응급실에 입원 중 세상을 떠났다고 한다. 내일이 L문우의 장례식이라는 말을 듣는 순간 통곡이 터져 나왔다.

L문우는 가장 가깝게 지냈던 분이다. 같은 해에 등단하였고, 5호선 지하철을 타기 위하여 반대 방향이지만 합평 후에는 지하철역까지 이런저런 이야기를 나누며 함께했기에 눈물이 멈춰지질 않는다.

며칠 전에는 통화하면서 집 구경할 겸, 자기 집에 좀 놀러 오라고 했었다. 그와의 대화 속에는 숨기는 것이 없었다.

가정 이야기에서부터 문우들과의 관계까지도 털어놓는 사이였다. 수 년 전 남편도 출근 직전 심장마비로 떠났다고 했다. 남편에 대한 글을 써와 합평 시에 읽을 때는 목이 메어 대독해 주어야 했다.

새로운 건물을 짓기 위한 많은 날의 노고의 흔적이 표정 속에 머물고 있었다. 건물은 완공되었고 모든 것이 순조롭게 되었다 하여 모임에서 만나면 집들이 언제 할 거냐고 농담 섞인 동인들의 이야기가 오가기도 하였다. 얼마 전에는 아들이 어렵게 승진했다고 동인들에게 승진 턱을 쏘기도 하였다.

건강상 장례식에도 가보지 못한 나로서는 수년간 그와의 관계 속에 있던 그림들을 머릿속에 그려본다.

어느 정도의 건강회복으로 수필모임에 나갔다. L문우가 앉아 있던 빈자리가 그의 모습과 함께 반사현상으로 눈물샘을 자극해와 속울음을 울어야 했다. 함께하던 여행길에서 찾을 수도 만날 수도 없는 곳으로 사라진 문우여!

성경 말씀과 같이 모든 것은 때가 있다는 것을 실감한다. 만날 때가 있으면 헤어질 때가 있다는 것은 누구도 부인할 수 없다. 살아 있음과 죽음은 동행하는 것이기에 과연 나의 여행길의 끝은 언제가 될 것인가 하는 의구심을 기도만으로 의지할 뿐이다.

어영부영 아무런 결실도 남기지 못한 채 보내버린 한 해가 한스러워 상념의 조각들을 찾아보지만 허무함만이 잠재된 추억으로 일렁이고 있다. '일생에 성년이 두 번 오지 아니하고 하루에 새벽이 두 번 오지 않는다.'고 한 도연명의 명언이 떠오른다.

인생이란 삶 자체가 그것이다. 지난날들이 현재가 될 수 없는 것과 같이 오늘은 다시 오지 않는다는 것을….

복층에서 내려오는 발자국 소리와 함께 내가 자기들을 따라나서지 않는다는 것을 알면서도 "엄마! 노래방에 함께 안 가실래요?" 아들이 묻는다. 외지에서 근무하고 있는 아들이 연휴를 맞아 집에 왔다.

한 해를 맞는 첫날이라 특별한 날이기에 가족들의 먹거리를 위하여 분주하게 움직이던 며느리와 손자, 손녀가 한가로운 시간을 즐기기 위한 스케줄인 듯싶다.

새해 인사가 전화선을 타고 사위와 딸과 외손녀의 목소리가 번갈아 들려온다. 나 혼자만의 시간 속에서 순간적으로 느껴보는 행복이다.

인생이란 여행은 새해의 첫날도 멈추지 않고 달린다. 현관문 쪽이 어수선하다 싶더니 노래방에서 돌아오는 밝은 표정들이 가족이라는 여행의 동행자들로 합류해 준다.

온종일 뿌려주던 햇살도 하루의 삶 속에 지친 양, 엷은 회색의 어스름이 밀려오고 있다.

희비애락(喜悲哀樂)의 나의 여행길, 그날까지 쉬지 않고 수레바퀴는 구를 것이다.

(2018. 1. 1)

정월 대보름

정유년(丁酉年) 정월 대보름달이 뜨는 밤이다.

집 가까이에 쇼핑할 수 있는 마트가 없으니 아들 퇴근 후 아들 차로 며느리가 시장을 보아 온다. 5학년 손자 하헌이는 아빠 엄마 쇼핑에 따라나서기를 즐긴다. 자기가 갖고 싶은 것, 먹고 싶은 것을 사 올 수 있기 때문이다.

거실에서 신문을 보고 있는데 주방 쪽이 어수선하다 싶더니 "할머니~ 빨리 이리 오셔서 피자 좀 잡수세요." 한껏 즐거움 담긴 기분 좋은 목소리다.

처음 피자가 나올 때부터 내 입맛에는 맞지 않았다. 세대 차이 때문일 것이다. 피자를 먹을 때마다 부침개 생각이 난다. 그렇다고 맛있게 먹고 있는 분위기를 깰 수는 없다. 못 이기는 척 함께 먹어주는 수밖에….

입춘을 지난 지도 일주일이 되었건만 밖에 기온이 영하 9도라는 일기예보다.

고향에서 자라던 유, 소녀 시절이 한 폭의 그림이 되어 스친다.

고향집 바깥마당에는 설 명절이 되면 한 달 내내 널뛰기하는 널판이 마당 한복판에 놓여 있었다. 여자아이들은 주로 널뛰기 놀이를 하고 남자아이들은 연날리기와 제기차기를 즐겼다. 정월 대보름날에는 논둑 잔디에 쥐불놀이라고 불을 붙여 태웠다. 농약이 없던 시절 잔디에 숨어 자생하고 있는 해충을 불을 태워 없애는 놀이다. 지금 생각해 보면 선조들의 지혜를 느낄 수 있다.

또한, 시골 초가집들은 여름이면 노래기라는 징그럽게 생긴 벌레들이 있이 신에 주인 없는 묘에 서 있는 소나무 가지를 꺾어나가 아래위 지붕과 담장 지붕 위에 3가지씩 던지면서 큰 소리로 "노래 기침(針)이요." 하며 소리를 질렀다. 잿무당(짚불 땐 재를 모아 두는 곳)에는 모내기 식으로 짚단을 묻으면서 한 해의 풍년을 기원했다.

대보름달이 뜨는 저녁밥은 9가지 나물에 오곡밥을 먹는 날이다.

여인들이 분주하게 돌아가는 시간이다. 큰언니 처녀 시절, 해마다 이날의 저녁밥은 마을 처녀들을 비롯하여 시집살이 새댁들까지도 젊은 여인들은 우리집에서 식사를 하였다. 마을을 한 바퀴 돌며 초대하는 심부름을 하는 것은 동생들인 우리가 했다.

일 속에 묻혀 살고 있는 여인들의 단 하루 친목의 모임이기도 했다. 저녁 식사 후에는 축음기(유성기)를 틀어 놓는다. 유성기는 손으로 태엽을 감아준다. 유성기를 틀어 주는 것 또한 우리의 몫이다. 문화적인 놀이 시스템이 없던 시절의 현상이다. 그렇기에 그날만큼은 어느 명절보다도 의미 있는 시간이었다.

그 당시 유명 가수들의 유행가를 틀어 놓는다. 더러는 따라 부르기도 하면서 분위기가 숙연하다 싶을 때 한쪽에서 흐느끼는 소리가 들린다. 이난영 가수의 「애수의 소야곡」, 「님의 통곡」, 「목포의 눈물」 등 애절한 노래가 흘러나왔기 때문이다.

일제 강점기에 결혼하여 며칠 후 남편이 일본으로 끌려간 친척 고모뻘 되는 20대 후반의 여인과 6·25 후 국군장병으로 있던 남편의 소식이 수복 후 단절된 20대 초반의 이웃집 새댁이 함께하면서 터져 나오는 애절한 흐느낌의 소리다.

즐겁고 행복해야 할 대보름 명절 밤 속에서도 불운했던 나라의 슬픔을 안고 살아가는 여인들의 통곡이었다. 시골집 창호지 문틈으로 엿보고 있는 대보름 달빛까지도 서러움에 질려 창백하기만 했다.

유성기 판을 바꿔야 한다. 바꿔 끼운 유성기판은 그 당시 만담가로 유명했던 장소팔과 고춘자의 만담이 담긴 것이다. 분위기가 안정되면서 더러는 작은 웃음소리도 들린다.

인생이란 영원은 없다. 슬픔도 기쁨도 행복이나 불행도 잠시 머물다 가버린다. 모두가 순간 속에 존재하고 있을 뿐이다. 흐느낌으로 애통하던 여인들도 제2의 인생 속에 훗날 행복한 모습을 볼 수 있었다.

그날 밤 방문 밖 툇마루에는 '용의 알'을 뜨기 위하여 여인들이 가져

온 물그릇들이 놓여 있었다. "꼬끼오" 첫닭이 울면 닭 우는 소리와 함께 가져온 물그릇들을 들고 우물가로 달려나간다. 우물 복판에 떠 있는 대보름달을 가장 먼저 뜨는 사람이 가장 큰 축복을 받는다는 속설이 있기 때문이다.

다음 날 아침밥은 흰 쌀밥에 떠다 놓은 물로 밥을 지으면서 풍년을 기원한다. 어머니는 아침이 되면 우리 8남매를 안방으로 불러 놓고 나이 수대로 알밤을 부럼이라고(치아가 튼튼 하라고) 깨어 물게 시킨다. 또한, 작은 술잔에 청주를 따라 주면서 '귀밝이술'이라고 마시라 한다. 아침 등굣길에서 친구를 만나면 이름을 불러 대답하는 친구에게 "내 더위" 하면서 더위를 팔고 대답 대신 "먼저 더위" 하는 친구에게서는 더위를 사는 것이란다. 선풍기조차 없는 시절이었으니까….

우리 세대는 가난하였고 많은 변혁과 격변기 속에서 오로지 자연에 의지하여 자연을 친구 삼아 살아왔다. 어린 시절 고향 속의 장면들이 많은 세월과 시간 속 인생이란 간이역을 지나오면서 정말 많이도 변하였다는 생각으로 차오른다.

먼 훗날에는 우리 세대에서 체험했던 것들이 역사의 전설 속에나 기록될 것이다. 고향에 대한 아련한 향수와 함께 그 시절에 먹던 오곡밥과 유성기 소리가 그립기도 한 날이다.

(2017. 2. 10)

선물로 받은 눈물

잠자리에 들어 막 잠이 들려는 순간, 아들이 안방에 들어와 경비 아저씨가 엄마 좀 뵙겠다고 찾아왔다고 한다. 대충 옷매무새 챙기고 거실로 나왔다.

신발장 옆에 서 있던 경비 아저씨는 나를 보자 다가와 나의 양손을 잡고서 내일부로 경비를 그만두기로 했다면서 그동안 고마웠다고 눈물을 흘린다. 약간 어눌한 말투가 술을 마신 듯하다.

메르스의 창궐로 타인과 손잡는 것조차 금지하고 있는 때라서 마음이 찝찝하였다. 그렇다고 울고 있는 사람의 손을 뿌리치는 것은 더욱 아니었다.

메르스는 중동 호흡기 질환이란 전염력이 강한 병이라서 국민 모두가 긴장 상태일 때였다. 낙타의 몸에서 옮겨지는 전염병이라 한다. 모든 것이 세계화로 달려가고 있지만 이름도 생소한 전염병조차 세계화되는 것이란 생각이 든다.

몇 년 전에도 가끔 경비 아저씨들이 찾아와서 작별 인사를 하고 간 적은 있지만 눈물까지 흘리는 사람은 없었다. 아파트 재건축 입주한 것이 11년째 접어들었다. 경비 아저씨들은 자리를 비울 수가 없어 경비실에서 직접 밥을 지어 식사를 한다는 것을 알게 되었다. 그때부터 우리 가족들이 먹을 국물 있는 찬을 하면 나누어 먹었다. 그것이 생활화되어 십여 년이 흘러간 것이다.

남편이 세상 떠난 지도 5년이 지났다. 나이가 들면 국물 있는 찬을 찾게 되는 것이 상식적이다. '나눈다'는 것 '베푼다'는 것은 내가 행복하기 위해서다. 돈이 드는 것도 아니다. 나누는 음식은 맛이 있어야 한다. 그렇기에 사랑과 정성이 필요하다.

경비실에 국물 나르는 냄비는 길게 손잡이가 달린 스테인리스 냄비이다. 아이들이 라면 끓여 먹는 단골 냄비다. 한 번은 경비실에 들러 냄비를 찾아오는데 망가져 있던 뚜껑 꼭지가 자주색의 새것으로 끼워져 있었다. 울면서 고별인사를 하고 간 아저씨의 솜씨였다. 그분은 내가 시장이나 마트를 가기 위하여 손수레를 끌고 경비실 앞을 지날 때면 의자에서 일어나 인사를 한다. 내가 연장자이긴 하지만 송구스러운 마음이었다.

동인지 『운현수필』이 출간되면 소장실과 경비실에 한 권씩 주었다. 그분들은 책을 읽을 수 있는 시간 여유가 있기 때문이다. 나의 경험이지만 수필집을 받으면 우선적으로 아는 사람의 글을 읽게 된다.

우리의 삶 속에는 빛과 어둠이 공존하고 있음을 실감하면서 인생이란 소풍 길을 가고 있는 것이다.

나의 손을 잡고 눈물 흘리는 경비 아저씨를 보면서, 연수를 알 수 없는 먼 지난날의 한 장면이 환영(幻影)으로 떠오른다.

지방에 사는 친구에게 전해줄 물건이 있어 약속을 하고 영등포역 장항선 타는 쪽으로 가는 중이었다. 그 친구 집은 대농가로 농사를 짓고 있기 때문에 수년간 그 친구 집에서 쌀을 택배로 배달해 먹었다.

그런데 쌀을 보내올 때마다 찹쌀을 섞어 보내온다. 자기 자녀들에게 보내는 것과 우리집에 보내는 쌀에는 찹쌀을 섞어 보낸 것이다. 그것이 고마워서 한 손에는 선물 보따리를 들고 시간이 촉박해 걸음을 재촉하며, 친구를 만나러 가고 있었다.

그때 나의 앞을 가로 막고 서는 사람이 있었다. 주름진 얼굴과 초라한 옷차림의 걸인이다. 배가 고파서 그런다며 라면 한 그릇 먹을 돈을 좀 달라고 한다. 그의 표정 속에는 절실함이 담겨 있었다. 하지만 그때 나의 상황이 그의 요구를 들어 줄 수가 없었다.

친구를 만난 후 내려오면서 그가 서 있던 자리를 살펴보았지만 그 사람은 보이지 않았다. 많은 걸인이나 노숙자들을 보면서 살아오고 있지만 왜? 그때 그 사람의 모습이 잊히질 않고 환영으로 남는 것인지 모르겠다.

배고픔에 지쳐 있는 절실함이 담긴 초라한 모습 때문이었을까?

'내가 남에게 베푼 것은 마음에 새겨 두지 말고 남에게 잘못한 것은 마음에 새겨 두어야 한다.'는 말을 생각하면서…

나는 기독교인으로서 '목마른 자에게 물 한 모금 주는 것이 곧 나에게 하는 것'이라고 하신 예수님 그 말씀을 생각할 때마다 죄책감으로 다가온다.

우리의 삶은 더러는 실수하면서 깨닫고 깨달으면서 선을 행하게 되는 것이 아닐까!

이젠 나이가 들면서 살림한다는 것이 버거운 상태다. 병원에 드나드는 것이 일과처럼 되어 버렸다. 백세시대라고 떠들고 있지만 진정 오래 사는 것이 축복인가 생각해 본다.

며느리가 살림을 맡으면서 경비실에 찌개 국물 나르는 것도 중단된 지 한참 되었다. 밖에서 경비 아저씨들을 만나면 미안한 생각이 든다. '주는 자가 복이 있다'는 말이 다시 실감으로 느껴진다.

젊은 며느리에게 경비실에 찌개 국물을 내다 주라는 것은 며느리의 삶에 대한 월권행위다.

선을 행하는 것은 '오른손이 하는 것을 왼손이 모르게 하라'고 하여 이 글을 쓴다는 것이 망설여졌지만 10여 년 가까이 경비실에 찌개 국물을 퍼 나르던 것이 선함이기보다 당연한 것으로 생각되면서 경비 아저씨의 고별의 눈물을 추억이란 그릇 속에 담아 두련다.

인생이란 삶의 소풍 길에는 '순간'이란 짧은 시간에 의한 '후회'란 단어가 있는가 하면 보람이란 단어가 공존하면서 살아가고 있다. 라면 한 그릇 값은 나에게는 치명적인 실수가 되어 죄의식 속에 머물고 있을 것이다.

'내가 남에게 베푼 것은 마음에 새겨 두지 말고 남에게 잘못한 것은 마음에 새겨 두어야 한다.'는 말을 생각하면서 먼 훗날에 자주색 냄비 뚜껑 꼭지를 보면서 십여 년의 그 세월이 진정 행복하였노라고….

눈물로 고별의 선물을 담아둔 추억의 그릇 속에 잔잔한 미소를 담아 보리라. 행복한 세월이었노라고….

(2016. 1)

사랑만을
뿌려주고 가신 분

'범사에 기한이 있고 천하만사가 다 때가 있다.'고 하신 성경 말씀이 생각납니다. 이십 개의 성상 속에서 오로지 사랑만을 남기고 가신 김정애 전도사님! 은퇴라는 용어가 야속하기만 합니다.

세월이 장강유수와 같다고들 하지요. 계절은 자연 속에서 볼 수가 있고, 느낄 수도 있지만 세월은 볼 수도 없고, 만질 수도 없고, 들리지도 않고, 멈출 줄도 모르고 그냥 물 흐르듯이 흘러가 버리는군요. 정말 빠르게요.

만남이란 크나큰 삶 속의 인연입니다. 하나님과의 만남 속에서 전도사님을 만날 수 있었음은 기쁨이었고 행복이었습니다.

2018년 5월은 나의 81세 생일 달이었습니다. 병원 입원 중이었습니다. 심방세동(부정맥)으로 화장실에서 정신을 잃고

쓰러진 사건으로 심장박동기 시술을 하기 위해서였습니다. 누구에게도 연락하지 않은 상태에서 전도사님의 전화를 받았습니다.

교회 예배시간에 모습을 볼 수가 없어서 궁금하다면서요. 내가 3부 예배시간에 앉아있는 자리는 정해져 있기 때문이지요. 귀가 잘 들리지 않아 뒤쪽 새신자실, 화면 앞쪽이 수년 전부터 정해진 자리이기 때문에 매주 예배시간 전에 찾아와 잔잔한 미소를 품고 잡아 주신 손은 오직 사랑이었습니다.

송학동산교회라는 공동체 속에서 누구 한 사람 전도사님의 뿌려진 사랑을 체험치 않은 사람이 있을까요? 송학대교회는 일곱팀의 여선교회가 있습니다. 73세 이상의 안나여선교회는 가장 교회에서 나이 많은 고령자들로 구성되어졌기 때문에 환자들이 많았습니다.

회장단이나 임원진으로 선출되면 주된 임무가 병문안 심방이지요. 가정 심방으로부터 병원 심방, 요양원 심방, 장례식장 등. 팔순의 전후반 임원진들로서는 주어진 임무감만이 최선을 다할 뿐이었습니다. 때로는 각 지방에 있는 곳까지 다녀야 했습니다. 전도사님은 운전의 달인이며 심방의 달인이었습니다.

운전에서부터 기도와 말씀 모두는 전도사님의 몫이었습니다. 우리는 오직 감사하는 심령만으로 따라다녔다고 고백할 뿐이군요. 전도사님과의 추억의 고백거리가 많이도 잠재되어 있습니다.

십여 년 전 남편 성주석 집사가 병석에 있을 때입니다. 집사 직분이었지만 신앙이 없었습니다. 신장암 말기로 대형 병원에 입원해 있을 때 신경질이 너무 심하여 의사와 간호사들에게 부끄러울 때가 많았습니다. 그때도 전도사님은 수시로 심방 기도를 해주셨지요. 수개월 후 요양병원으로 옮기면서 5명이 있는 병실에서 가장 착한 사람으로 변해 가는 것을 보았습니다. 마치 어린아이같이…

성경에 '어린아이와 같이 되지 않고서는 하늘나라에 갈 자가 없다.' 하신 말씀이 있어 전도사님의 간절한 사랑의 기도 때문이라고 믿어졌습니다. 한방에 있는 환자들까지도 전도사님을 알아볼 정도였습니다. 지나버린 세월과 시간들이 현재 속에 녹아들면서 보이지 않는 전도사님을 아련한 그리움으로 추억의 끈을 풀고 있군요.

우리 신앙인들의 삶 속에는 하나님의 섭리를 체험에서 응답이심을 알 수가 있습니다. 지금 이글을 쓰면서 전도사님과의 만남에서 흘러간 사연들이 아름다움으로 정지되면서 많은 추억의 흔적들을 그려봅니다.

손녀 은지가 다섯 살 경이었습니다. 아들과 며느리의 사업관계로 은지를 내가 돌보고 있을 때입니다. 주일 오후 찬양 예배 시에 내가 성가대석에 있을 때에는 은지는 전도사님 옆에 앉아서 자기가 좋아하는 그림을 그리고 있었지요. 그림 그리기를 즐기는 아이였습니다. 그랬던 은지가 금년에 대학에 합격했답니다.

자기가 그렇게도 좋아했던 미술계통 응용미술과에 합격했습니다. 그것도 수능시험이 있기 전 학교 성적과 실기시험만으로 합격했기에 가정에 큰 경사라고 할 수 있지요.

합격이 발표되면서 미술학원 선생님들이 학원 알바생으로 선택하여 주었어요. 오늘 아침에도 환한 미소를 담고 "다녀오겠습니다." 인사하면서 나가는 모습이 사랑스럽기만 하더군요.

항상 교회에서는 입시생들을 위해 교회적으로 많은 기도 모임이 있습니다. 개인적인 성취일지라도 우리 믿음의 사람들에게는 하나님의 섭리이심을 깨닫지 않을 수가 없습니다.

우리의 삶 속에는 불행이 없으면 행복이란 개념이 없는 것과 같이 입시생들에게도 낙방이 없으면 '합격'이란 개념이 없다는 것을 일깨워 줍니다. 5살짜리 은지가 대학생이 되었다는 세월 속에서 1998년 전도사님과의 만남과 2018년 12월 16일 은퇴라는 용어 속에 헤어져야 한다는 서운함만이 한가득 밀려드는군요.

이사한 지도 벌써 한 달이 훌쩍 넘었군요. 수십 년 앉아 계시던 자리에 눈길이 갑니다. 비어 있는 자리가 허전함으로 울컥해 옵니다. 보고 싶군요. 가끔은 찾아오셔서 말씀도 전해 주세요.

사랑만을 뿌려 주고 가신 김정애 전도사님! 사랑합니다. 보고 싶습니다.

(2019. 1)

멀기만 하던 통학 길

베란다 창가에 서서 춤을 추듯 흔들어 대면서 휘날리는 눈송이에 취해 본다.

32년 만에 12월 첫 폭설이라고 매스컴에서는 떠들어 대고 있다. 순식간에 아파트 마당이 흰색으로 뒤덮인다. 창문이라도 열고 있으면 나에게 날려 와 안겨 올 듯한 기세다.

한참을 눈 꽃잎 날리는 풍경에 심취되어 있는데 거실 쪽 전화벨 소리가 요란하다.

손자 하헌이가 다니는 유치원이란다. 골목길이 너무 미끄러워 차 운행을 할 수 없으니 아이를 데리러 오라는 것이다. 난처한 일이다 '늙은이가 나갔다가 미끄러지기라도 하면…' 하는 생각에 하는 수 없이 아들에게 전화하여 자초지종을 이야기했다.

다음 날 아침에도 하헌이를 유치원에 데려다주고 일부러 집에 들러 "엄마, 오늘은 절대로 밖에 나가면 안 된다."고 신신당부를 한다. 금일 교회에서 있는 총회 관계로 나가야 한다는 것이 마음에 걸렸던 모양이다.

엄마의 안녕을 생각하는 자식의 배려에 실망 주고 싶지 않아서 "그러마."라고 대답을 해놓고 가족들이 모두 나간 시간에 서둘러 준비를 하고 시간을 맞추어 나섰다. 버스가 다니는 큰길은 염화칼슘을 뿌려 미끄러움을 면했지만 골목길은 말이 아니다.

중학교 시절 추억의 갈피를 되돌아본다.

내가 다닌 중학교는 6·25 다음 해 군청 소재에 있는 단 하나뿐인 남자 중고등학교에서 처음으로 여학생을 뽑아 20리 길이 넘는 길을 통학해야 했다. 처음에는 불평했다. '여학생을 뽑지 않으면 외시의 이름 있는 여학교에 갈 수 있을 것을…' 하면서 투덜댔다.

그 당시에는 여자들의 진학률은 반에서 2~3명뿐이었다. 열악한 환경 속에서 초등학교에 다니다가 동생들을 돌보아야 할 이유 때문에 포기하는 아이들도 많았다. 나로서는 능력 있는 부모님 덕에 감사할 뿐이었는데…. 세일러복에 자주색 리본을 단 교복을 입고 다니는 여학생이란 긍지와 자부심이 얼마나 뿌듯했던가!

지금과 같이 눈 내린 겨울이었다. 학교까지는 빨리 걸어야 1시간 반이 걸렸다. 남학생들은 자전거 통학을 많이 하지만 여학생의 자전거 통학은 한 명도 없었다. 신발은 천으로 된 검정 운동화가 전부다. 미끄럼 방지란 어휘조차도 알 수 없는 시절. 책가방은 흰색 천에 십자수를 놓아 만든 것이었다.

겨울 새벽바람을 가르며 눈길을 나서면 내 발자국이 그날의 첫 번째 발자국이었다. 때로는 빙판길을 가면서 중간중간 친구들을 만나 재잘거리며 미끄러지는 횟수를 세어보기도 했다. 교문 앞까지 가는 동안 수십 번씩 미끄러지면서도 재미있다고 깔깔 대면서 웃음을 뿌렸다.

학년이 올라가면서 하교 시간도 늦어졌다. 동행하던 친구들과 헤어져 혼자서 산길을 휘돌아 올 때에는 신작로 길옆 절벽에서 송장(시체)이 나왔다는 이야기며, 마을 처녀 분이 언니가 물에 빠져 죽어 묻혀 있는 산길을 갈 때에는 무서움으로 숨을 헐떡이며 발걸음이 빨라졌다. 하늘의 별들만이 친구 되어 반짝이고 있을 뿐이었다. 산길 어귀 저만치에 호롱불이 보였고 구세주를 만난 듯 반가웠다. 기다리다 못한 가족들의 호롱불 마중이었다. 그 순간이야말로 나에게 포근히 다가와 주는 안도의 순간이었다.

중학 동창 중에는 '박명숙'이란 친구가 있었다. 그 친구 집은 트럭 운송 사업을 하고 있었는데 여러 대의 트럭이 있었다. 원거리 통학 여학생들을 보면 트럭이 달리다가도 멈추어 서서 올라타라고 했다. 3년 동안 트럭 타는 연습이 되어 오르고 내리는데 이력이 났었다. 지금도 생각해 보면 정말 고마운 분들이다.

그런데 어느 날 박명숙 그 친구의 죽음 소식을 들었다. 대학병원 인턴시절 첫아이 출산 중 잘못되어 세상을 하직했다는 것이다. 그 친구는 의과 대학시절 겨울방학에 우리집에서 하룻밤 자고 간 적이 있다.

노래를 좋아하는 친구는 자기의 불운을 예측이라도 했던 것일까? 「그대의 창에 등불 꺼지고」란 애절함이 담긴 가곡을 부르던 모습이 지금도 생생하다.

인생이란 예측불허의 삶 속에서 한 조각의 사연만을 남긴 채 그렇게 허무하게 사라져 버리는 것인가를 실감케 하였다. 아까운 친구를 잃었다는 아쉬움이 가슴속 깊이에 애절함으로 남는다.

총회에 참석 회원들은 절반도 나오지 못했지만, 나름대로 주어진 임무에 충실하기 위하여 모였으니 주름진 얼굴엔 환한 주름꽃이 그려진다. 신발은 모두가 미끄럼 방지로 된 신발을 신고 왔다.

성장과 발전은 망각이란 묘약을 우리에게 안겨 준다. 옛것을 잊어버렸기에 새로운 것에 길들어져 살고 있는 것이 우리들의 현실이나.

마지막 해를 보내면서 첫 눈길을 걷고 있다.

멀기만 하던 통학 길 속에서 눈길에 미끄러지면서도 재미있어서 웃어대던 소녀들의 천진스런 웃음소리가, 첫 눈길을 밟는 발자국 따라 추억 속의 그리움으로 메아리쳐 온다.

(2012. 12)

코티분

외출하기 위하여 누렇게 변질되고 구겨진 얼굴이란 도화지를 거울 속에 들이민다. 옛날의 희고 매끄러운 얼굴 도화지가 아니다. 화장(化粧)이란 그림을 그리기 위해서는 바탕색이 가장 중추적인 역할을 한다.

나는 수십 년 동안 한 번도 바꾸지 않고 바탕 색깔은 '코티분'을 사용한다. 바탕색을 칠하면서 갑자기 기억 저편에 88 올림픽이 있던 해 5월 88세로 돌아가신 아버지가 그리움이 되어 떠오른다.

고등학교 1학년 어느 가을날 오후, 아버지께서 가쁜 숨을 쉬면서 급하게 하숙집 대문을 밀고 들어오셨다. 아버지는 서울에 갔다 오는 길에 신작로에 버스를 기사에게 부탁하여 세워 놓고 왔다면서 포장된 보따리를 툇마루에 던져 놓고 급히 뛰어나가셨다. 포장을 풀어보았다.

공작표 파란색 짙은 쪽빛 털실 뭉치와 여학생들이 선호하는 최신형 책가방이다. 내가 몹시 갈망하던 책가방이기에 얼마나 기뻤던지. 그 시절에는 서울과 왕래가 뜸할 때라 문화적인 격차가 많았다. 학생들 간의 문화적 차이도 많았다. 지방 학생들의 촌티라 할까….

당진 우리 고향에서 서울에 가는 시간이 6~7시간이 걸렸다. 당진에서 출발하면 예산에 들렀다가 되짚어 천안으로 돌아가야 했다. 도로는 아스팔트가 아닌 자갈길 도로였다. 현재는 어떤가. 삽교천이 생기고 서해안고속도로가 뚫리면서 두 시간도 채 안 걸린다. 이런 시대가 오리라고 누가 꿈엔들 상상이라도 했던가. 현재는 지방간의 문화적인 격차가 전혀 없다. 왕래가 잦기 때문이기도 하지만 문명적인 소통이 동일하기 때문이다.

아버지는 엽총을 갖고 계셨기 때문에 탄피와 여러 종류의 탄알과 뇌관, 화약 등 자제 구입을 위하여 서울 총포사에 들러야 하는 횟수가 많았다. 한창 사춘기에 고향을 떠나 가족들과 떨어져 있다는 외로움과 그리움에 석양이 붉을 때면 부모님의 체취가 그리워 수시로 눈물이 그렁그렁하였다.

'기적 소리' 말로만 듣고 책 속에서만 읽고 감상하면서 상상으로 그려 보았던 기적 소리를 듣는다. 장항선 열차가 지나가는 소리다. 예산여고는 역전 가까이 금오산 아래 자리 잡고 있다. 하숙집 역시 학교 근처에 있다. 한밤중에 울리는 기적 소리는 나로 하여금 더욱 고향 생각으로 끌어들인다.

몇 주에 한 번씩 주말이면 집에 다녀오지만, 항상 주말만 되면 마음은 고향으로 향한다. 집에 가는 토요일 종례 후에 대청소가 있는 날이다. 한시라도 빨리 가고 싶은 욕망에 뺑소니로 교문을 나서는 순간 훈육 담당 교사에게 잡힌 적도 있다.

가을 연시(조홍)감이 익을 무렵, 집에 가면 아버지는 동생들 몰래 연시감 몇 개를 내 손에 쥐어 주면서 먹으라고 눈짓으로 신호를 보낸다. 외지에 나가 있는 딸을 생각하는 아버지의 마음이다. 마음은 눈으로 볼 수 없지만 항상 행동 속에 잠재해 있는 것이 아닐까…

가을 수학여행 때에는 아버지의 선물인 털실로 손수 뜨개질하여 입고 찍은 모습이 사진첩 속에 남아 있다. 졸업반이 되면서 진학을 고민했다. 5명의 동생을 생각하여 포기할 수밖에 없었다. 아들로 태어나지 못한 것을 처음으로 후회해 보았다.

졸업하던 해 봄이었다. 서울 다녀오시면서 자주색 비로도 치마와 본견 벨벳 연핑크색 저고릿감을 졸업 선물로 사 오셨다. 최고급 옷감이다. 치마저고리의 배색이 조화로워 아버지의 색감 감각이 세련됨이 경이로웠다. 진학을 못 시키는 부모의 마음이 함축되어 있는 가슴 아린 선물이었으리란 생각이 들었다.

바로 위 언니가 결혼한 후 나도 이제 화장할 때가 되었다. 외출에서 돌아오신 아버지가 빙그레 웃으시면서 내어주는 봉지를 받았다. 코티 분갑이다. 어머니는 동생들 때문에 외부 출입을 할 수 없으니 딸에게 필요한 것을 아버지께 간청하여 스스로 우리의 길이 되어 주셨던 어머니 또한 아련한 그리움으로 떠오른다. 아버지 떠나시고 10년 후에 어머니 또한 세상을 떠나셨다.

코티분은 1935년 프랑스 코티사에 의해 탄생했으며 1959년 아모레퍼시픽이 코티사 현지에 가서 기술 제휴로 우리나라에서도 판매하게 되었다. 그 이전에는 가격도 고가였고 밀수에 의하여 고급 기생들이나 부잣집 마님들만이 가질 수 있는 사치품에 속하였다.

오늘도 내 얼굴 도화지에 코티분으로 바탕색을 열심히 칠한다. 새까맣던 눈썹은 어디로 가고 희미한 눈썹을 그리는 시간이 가장 힘들다. 여자는 무인도에서도 화장을 한다는 소담(笑談)이 있다.

화장은 인류 역사와 함께하였단다. 아름다워지기 위해 특별한 능력을 표현하기 위해 만물의 영장류로 인간에게만 부여된 신의 은총이 아닐까.

나이가 들수록 화장품의 종류도 늘어난다. 며느리는 내가 알 수 없는 기초 화장품이라면서 화장대에 놓아준다. 그러니 그림 그리는 시간이 점점 길어질 수밖에 없다. 코티분은 도화지 그림에 가장 중추적인 역할을 하기도 하지만 아버지를 기리는 마음으로 내가 그림을 끝내는 순간까지 화장대 한쪽에 놓여 있을 것이다.

(2013. 5)

가을을 먹는다

아침 5시경 아이들 잠자는 틈을 타서 조용조용히 주방으로 나와 압력솥에 밥을 안쳤다.

조금 후 압력솥 꼭지가 흔들릴 시간에 갑자기 수증기 차단 구멍에서 굉음이 들리기 시작한다. 귀가 멍멍할 정도로 고음의 소리가 뿜어 나온다. 당황스러워 아무리 살펴보아도 알 수가 없다.

늦게 들어와 잠들어 있는 아들과 며느리가 깰까 봐 걱정이다. 그런대로 시간이 되어 밥을 퍼 보았더니 솥 밑바닥이 까맣게 눌었다.

'풍년 압력솥' 평생을 고집해 오며 사용하는 제품이다.

남편이 살아 있을 때에도 수년을 사용하다 뚜껑이 고장 나 AS를 받은 적이 있다. 그런데 나는 AS센터를 모른다. 기계

고장이나 집안에 설치되는 모든 것은 남편이 맡아서 해 주었기 때문에 나는 못 하나 박는 것도 서투르다.

남편에게 의지하고 살아 보지 못했다고 자만에 차 있었던 '나'를 발견한다. 세심한 일에 등 돌리고 살아온 많은 날들… 가정이란 틀 속에서 가장 대행을 해왔다고 당당하기만 했던 나를 발견하면서 후회스럽고 가소롭기까지 하다.

처음으로 남편이 떠나고 난 자리가 허전함에 소스라친다. 114를 통하여 AS센터를 찾아 나섰다. 잠깐 사이에 다 고쳤다고 내어주는 솥뚜껑을 받고 보니 수증기 차단막의 얇은 고무판이 오래되어 떨어졌단다. 아주 작고 간단한 부품이다. 가격은 4,500원. 물건을 들고 나섰다.

남편이 살아 있을 때 지금의 내 모습같이 솥뚜껑을 들고 이 길을 설었을까. 허전함과 뉘우침 속에서 그저 막연히 걸어보고 싶은 마음에 걸었다. 이것도 계절 탓인가?

두어 정거장을 걸었을까 싶은데 사거리 건널목을 건너려는 순간 바로 뒤 코너 가게 앞에 길게 늘어 서 있는 사람들을 보았다. 가게 간판 위에 큰 원색의 글씨로 신장개업 특별세일 기간 '선짓국' 2,000원이란 현수막이 보인다. 시계를 보니 12시 40분 한참 점심시간 때이다.

선짓국… 한 번도 먹어 보지 못한 음식이다. 음식에 대한 호기심과 허기증이 부추겨 나를 늘어 서 있는 대열 속으로 끌어들였다. 먹고 나오는 중년의 여인에게 맛이 어떠냐고 물었더니 아주 칼칼하단다. 나오는 사람들의 표정이 모두 흐뭇해 보이며 단체 손님인 듯한 몇 사람은 잘 먹었다고 자기들끼리 떠들면서 나온다.

중년의 여인과 마주 앉았다. 어색한 분위기를 탈피하기 위함인지 여인은 나를 보면서 건강해 보여서 참 좋아 보인다고 한다. 자기 친정엄마는 85세인데 치매가 와서 걱정이라고 한다. 85세의 자기 어머니와 비교라도 하는 것 같은 씁쓸함에 오늘 이 자리의 정경을 글로 표현하고 싶다고 했다. 여인의 동공이 커지면서 "글을 쓰세요?"라고 묻는다.

수필 작가라고 대답해 주었다. 늙게 보이고 싶지 않은 속마음 때문인지도 모르겠다. "아… 부럽네요." 짧은 시간의 대화 중에 노란 양은 냄비에 푸짐하게 담긴 선짓국이 식탁 위에 놓인다. 주변 많은 사람들의 표정을 살펴보았다.

누구 한 사람 불만을 토하는 사람도 투정 부리는 사람도 없다. 먹는 데에만 열중이다. 식탁 위에 놓인 푸짐한 먹거리와 뜨거운 국물을 먹느라고 벌겋게 달아오르며, 만족해하는 얼굴들을 보면서 숟가락질을 했다. 이 장소의 표정들과 음식의 맛이 잘 익어 숙성된 '가을'을 먹는 기분이었다.

밖으로 나오니 머플러를 나풀거리며 걸어가는 여인이 보인다.

살아 있을 때, 남편이 몇 번이나 솥뚜껑을 들고 걸어갔을 이 길을, 오늘 처음으로 걸어 보았다. 나만의 가을 길을….

가로수의 이파리들이 미풍에 흔들며 춤을 추고 있다.

(2012. 10)

안개 속 미지의 세계

가족들이 모두 나가고 난 후 식탁에서 커피잔 사이로 눈을 미주히던 남편도 몇 개월 전에 돌아올 수 없는 길을 떠났나. 거실 소파 한쪽에 힘없이 주저앉는다. 남편의 자리가 너무 넓게 느껴지면서 허전함이 밀려온다.

평생을 가장 대행으로, 손주들 돌보미로, 2년여 남편의 병시중으로, 쉴 틈 없이 흘러간 시간들이다.

'시간을 짧게 하는 것은 활동이며 시간을 길게 하는 것이 안 일'이라고 했다. 현재는 나만의 시간이다. 무엇인가 내가 좋아할 수 있는 시간을 갖기 위하여 새로운 도전을 해야 했다. 순간 먼 기억 속에 학창시절의 내 모습이 떠올라 미소를 짓게 된다.

나는 키가 큰 편에 속하여 항상 뒤쪽에 앉았다. 그 당시에는 반의 인원이 60명이 넘었다. 여름철이라 창문을 모두 열어 놓고 수업을 했다. 가장 싫어하는 과목 시간에 소설책 읽는데 몰입해 있었다. 뒤에서 누군가가 소설책을 잡아, 놀라 뒤를 돌아보니 교장 선생님이었다. 복도를 순회하던 교장 선생님께 딱 걸린 에피소드다.

월말고사가 있거나 학기말고사가 있을 때에도 읽던 소설책을 다 읽은 후에야 시험공부에 들어갔다. 그만큼 문학을 좋아했다. 그러나 결혼 후 긴 세월은 모든 꿈을 잊게 했다. 생존본능으로 꿈은 안개 속에 묻힌 것이다.

2011년 여름, 풍기 인조바지 몇 개를 만들어 놓고 친구들에게 전화를 했다. 우리집에 와서 인조바지 파티를 하자고. 허물없이 수다를 떨

수 있는 친구들이다. 남편 살아 있을 때에는 생각지도 못할 일이다.

모인 친구 중에는 퇴직 교사 출신들이 있었다. 친구들의 정보 제공으로 덕성여대 평생교육원 수필반에 등록하게 되었다. 소개해 준 친구들은 목요 역사반이다. 문학은 내가 꿈꾸어 왔던 길이기에 월요 수필반에 등록한 것이다.

9월 학기 개강 첫날 강의실 분위기가 전혀 낯설지 않았다. 평소 잘 알고 지내던 분들 같은 친숙함이었다.

강의가 시작되기 전 자기소개 시간이었다. 나의 실수는 첫 시간부터 터져 나왔다. 조침문(弔針文)은 조선 순조 때 유씨 부인이 바늘을 의인화하여 제문형식으로 쓴 글이다. 바늘이 부러지자 그 섭섭함을 글로 표현하여 교과서에는 서문이 '오호, 통재라 바늘이여!'로 되어 있다.

감동되는 구절이 많아서 반세기가 훨씬 지난 지금까지 기억되고 있다. 그런데 그 작가를 신사임당으로 착각하고 있었다. 무식이 용감하다는 말은 나를 두고 생긴 말인 듯싶다.

점심 식사 후 『운현수필』 동인들을 따라나섰다. 아무것도 모르는 무지 상태에서 그냥 그렇게 하는 것인 줄만 알았다. 물어보지도 않고 따라다니는 나를 제지하는 사람도 없었다.

학창시절 수필은 '붓 가는 대로 마음 가는 대로 쓰는 것'이라고 배웠다. 그런 것이 아님을 강의와 합평을 통하여 깨닫게 된다.

운현수필 동인들 틈에 끼어 다시 강의실에서 써간 글을 나누어 주고 잘못된 곳을 수정하는 시간이다. 곡식도 튼실한 열매를 거두기 위해

잡초를 뽑아야 하듯, 문장에도 군더더기가 빠져야 깔끔한 문장으로 탄생할 수 있음을 배운다.

“○○단락 ○줄에 있는 문장은 과거 완료형보다 현재 진행형으로 하는 것이 좋지 않을까요?” ~로부터 마침표 찍는 것, 띄어쓰기, 쉴 틈 없이 지적해 온다. 얼굴이 달아오른다.

동인회 회장 Y선생의 수필이 생각난다. Y선생은 국어교사로, 퇴직 교장 출신이다. 그분의 수필집에 ‘죽비로 공양 받다’라는 문장이 있는데 국문학을 전공한 분임에도 많은 지적을 받았음을 알 수가 있어 위로를 받게 된다.

Y선생은 나의 초보 원고지를 받으면 붉은색 볼펜으로 고칠 곳을 체크하여 돌려준다. 집에 가서 참고해 보라고… 20여 년이 넘는 동인들이 있다. 그분들이 써 온 글에도 잘못된 부분이 있기 마련이다. 우리의 삶 속에 ‘완벽’이란 존재하지 않음을 알 수 있다. 구체적으로 배우지 않고서는 안 되겠다는 신념이 날이 갈수록 깊어진다.

수필과의 인연이 출발점에서 너무 늦었다는 생각을 버릴 수가 없다. 젊은 시절 잠자리에 누웠다가도 명상 속에 시상이 떠오르면 일기장에 끄적거리던 날이 많았다. 현재는 머리 곳간이 너무 메말라 있다. 문장 구상이 떠오르질 않는다.

2012년 『한국수필』 6월호에 「재봉틀」과 「정류장」으로 등단하였다. 등단이란 단어 자체가 아주 먼 곳에 있는 내가 아닌 다른 사람의 것인 줄만 알았다. 부족하지만 수필가로 활동할 수 있다는 자긍심을 갖게 해준 선생님과 선배 동인들께 감사할 뿐이다.

삶이란 길 위에 희비로 얼룩진 자취를 남기고 싶어서….

늦었지만 시작이 반이라는 말과 같이 꿈꾸며 동경해 왔던 문학의 세계로 언제가 될지 모를 그날까지 최선을 다하고 싶을 뿐이다.

(2015. 6)

2014년 2월

입춘(立春)이 지나면서 봄이 다른 해보다 빨라 남쪽으로부터 꽃 소식이 전해온다 싶더니, 강원 영동지방에 24년 만에 폭설이라고 조간신문에 대서특필이다.

내가 살고 있는 서울은 그런 와중에도 계속 좋은 날씨다.

영동지방과 동해안에만 내리는 원인은 남쪽에서 습기를 잔뜩 머금은 따뜻한 바람과 북쪽에서 내려온 찬바람이 만나 제설기 같은 눈구름이 만들어지면서 많은 눈을 뿌리고 있단다. 태백산맥이 병풍 역할을 하고 있어 막아주고 있기 때문에 눈구름이 동해안에만 머물고 있어 일어나고 있는 현상이란다.

대자연의 신비와 경이로움을 보면서 느끼면서….

얼마 전에는 철새들의 신종 조류독감 AI로 축산 농가들의 막대한 피해 소식의 안타까움이 있었다. 하룻밤을 자고 나면 사건 사고들로 마음을 아프게 한다. 단 몇 초의 앞도 알 수 없는 미로이다. 아침잠에서 깨어 습관화된 기도가 있은 후에 TV 뉴스 시간이다.

충북 진천 중앙 장로교회 60주년 기념행사로 성지순례 중 이집트 시나이반도에서 한국인 33명이 탄 버스에 폭탄테러로 4명이 사망하고 20명 이 부상당했다는 중대 사건 소식이다. 우울한 하루의 시작이다.

다음날 다시 신문을 펼쳐보는 순간, 부산 외대 신입생 환영 오리엔테이션 도중 경주에 있는 리조트 체육관 지붕이 쌓인 눈의 무게를 못 이겨 무너지면서 10명이 사망하고, 2명 중상, 103명 부상이 있었다는 놀라운 특필이다.

인생의 봉우리를 피워보지도 못한 채 순간적 죽음으로 승화한 학생들을 생각하며 통곡이라도 하고픈 비탄에 젖이든다.

인생이란 장강유수(長江流水)란 말이 어울리지 않는다. 흐르는 물이라면 장애물을 비켜 갈 수도 있는데… 하는 허무감마저 든다.

울적한 심경을 떨쳐버리기 위해 재래시장을 한 바퀴 돌았다. 며칠 전 민속절인 정월 대보름에 팔고 남은 나물거리들이 많았다. 몇 가지를 사 들고 걷는 동안 머릿속 기억의 끈을 풀어본다.

오곡밥에 9가지 나물, 쥐불놀이, 노래 기침 순간 문명의 뒤안길에서 뉴스 매체에 어두웠던 옛날로 회기하고 싶음이 간절하다. 좋지 않은 소식은 모르고 있으면 편안하다.

러시아 소치에서는 동계올림픽이 한참이다. 메달 경쟁으로 인한 관심 속에 참가국 전 세계인들의 눈이 소치로 쏠려 있다. 온 국민의 마음이 하나 되어 밤을 지새우며 선수들에게 열혈의 응원을 보내고 있는 날의 연속이다.

메달의 기쁨이 있는가 하면 심판관들의 편중에 의한 심판으로 실망과 분노를 안겨 주기도 한다. 김연아 선수에 관한 심판이 그랬다. 세계의 전문인들까지도 편파적인 판정이란 여론이 쏟아져 나왔다. 17일간의 소치행사는 종합 15위란 우리나라의 순위를 안고 끝을 맺었다.

또한, 20일에서 25일까지 2회에 걸쳐 금강산에서 이산가족 상봉이 있었다. 세계 속 단 하나뿐인 분단된 국토에서 살아가고 있는 우리 민족만이 갖는 눈물 어린 비극의 연출이 아닌가.

2014년의 2월은 이렇게 많은 사건과 사고와 행사 속에서 흘러갔다. 자연에도 사계절이 있듯이 우리 인생에는 희, 비, 생, 사, 고, 락(喜悲生死苦樂)이 공존하고 있음이 다시 한번 반추된다.

그러할지라도 봄은 나의 작은 정원 속으로 철쭉꽃을 한가득 안고 찾아와 주었다. 예년보다 빨리 찾아온 봄이란다. 베란다 문을 열고 철쭉나무 옆에 서서 나무 가득 핀 꽃 속에 코를 묻어본다.

(2014. 2)

꽃을 안고 찾아온 4월은…

코로나19 신종바이러스로 '집콕'을 하고 있는지가 수십 일이 되었다. 2002년에는 사스라는 전염병이 있었고 2012년에는 메르스 전염병으로 국가적인 긴장 상태였다. 하지만 현재 중국 우한에서 발생한 코로나19는 전 세계로 퍼지면서 전 세계가 병에 대한 전쟁을 치르는 듯 보통 문제가 아니다. 내 평생에 처음 보는 현상이다.

수십 년 전 고향집에서 자랄 때에도 전염병인 결핵, 콜레라, 장티푸스, 천연두 같은 전염병들이 돌고 있었지만 한 마을의 긴장 상태일 뿐이었다. 2012년 메르스 때는 상대와 악수하는 것이나 손잡는 것을 금하였다. 우리 교회는 예배 끝부분 목사님의 축도 전에 할렐루야 송을 할 때에는 양편 사람과 손을 잡고 하였다. 그런 것이 메르스 때에 완전히 금지되어 버렸다. 현재 코로나19는 단체적인 모임이 금지되었고 마스크 쓰기, 손 소독, 상대방과 거리 두기(2m), 교회 예배는 온라인 예배로 드려야 하고 모든 학생들의 개학이 연기되면서 기약도 없이 온라인 수업을 해야 한다. 온라인 수업 소리를 들으면서 확실히 우리가 문명 세상에 살아가고 있음을 실감하게 된다.

과학이 발전하면서 병균들까지도 발전한 것인가? 의구심을 품게 된다. 신약과 백신이 빠른 시일 내에 개발되어야 한다. 집콕 속에서 내가 할 수 있는 것은 신문 보는 것과 잡지사에서 보내오는 잡지 읽는 것, TV에서 뉴스 듣는 것으로 소일한다. 2020년 4월 15일에는 21대 국회의원 선거라는 국가적인 대사로 하여금 온통 선거로 인한 삼매(三昧)에 빠져 있다. 어디에서 마음의 위로를 받아야 할지 마음 의지할 곳이 없다.

이곳 일산은 가로수가 벚나무로 심어져 있다. 벚꽃이 만개 되었다고 꽃소식이 심심치 않게 들려오면서 마음이 움직인다. 어떠한 환난 속에서도 자연만은 소리 없이 우리의 곁에 계절을 데려다 놓는다. 오랜만에 집 밖으로 나왔다. 집콕에서 탈출한 것이다. 넘어질까 걱정되어 느린 걸음으로 가로수 길을 걸어본다. 잔잔한 탄성이 소리 없이 흘러나온다.

4월은 온통 꽃을 가득 안고 우리의 곁으로 와 주었다. 만개한 벚꽃과 개나리꽃을 눈에 가득 담는다. 마스크를 쓴 얼굴이 불편하다. 하지만 길가는 사람 중 누구 한 사람도 마스크를 안 쓴 사람은 없다. 코로

나19만 아니라면 많은 사람들의 모습이 보이겠지만 사람들의 모습은 뜨음하기만 하다.

진달래와 철쭉은 온통 붉은색 꽃봉오리를 달고 마치 어린아이가 옹알이하는 입 모양을 하고 있다. 며칠 후에는 누가 더 예쁜가? 경쟁이라도 하면서 만개할 것이다. 자연에서 위로를 받을 수밖에 없는 현실 속에서 가로수 나무 밑 흙이 있는 곳에 진노랑색의 꽃들이 보인다. 그 꽃을 보는 순간 소녀 시절의 고향길을 걷는 듯 향수에 젖는다. 그런데 꽃 이름이 생각이 안 난다.

나이가 들면서 지금까지 눈에 담아 생각 속에 저장한 것들이 문이 열리질 않아서 실수할 때도 많고 답답할 때도 많다. 한참을 산책 속에서 생각 문을 두드린 후에야 '민들레'라는 것이 떠오른다. 민들레는 씀바귀과에 속하며 잎은 나물로 먹으면 쌉쌀, 새콤, 달콤 맛있는 찬 먹거리가 되어 유년기와 소녀 시절 고향에서 많이 캐어 보았기 때문에 나물거리 중 가장 친밀감이 든다. 민들레는 번식력이 강해 가장 많이 번식하여 산책하면서도 흙이 깔린 곳에는 지천으로 번식하여 있다.

나에게는 잊을 수 없는 추억거리가 있다. 십여 년 전 신장암 말기인 남편의 병시중을 하면서 한겨울에 씀바귀가 먹고 싶다고 하여 재래시장에서 민들레를 사다가 찬으로 해준 적이 있다. 회복할 수 없는 환자이기에 먹고 싶다는 것을 모두 해주어야 했다. 하루는 식탁 위에 놓인 찬을 세어보니 열여섯 가지가 된다. 떠나고 나서 후회를 하지 않기 위해서다. 결국에는 나 자신이 지쳐서 쓰러질 것 같아 요양병원에 입원

시켰고 수개월 후에 소천하였다.

남편이 떠나고 다음 해에 요양병원의 모습들을 「정류장」이라는 제목으로 한국수필에 등단하였다. 운현수필에 수록한 수십 편과 별도로 몇십 편을 합하여 처음으로 수필집 겸 자서전 겸 간증집으로 내기 위하여 계약해 놓고, 코로나19로 인해 마냥 기약 없이 기다리고 있다. 수백 권이 교회로 가야 하는데 교회의 예배가 언제 정상적으로 돌아올지 의문이다.

우리의 삶 속에는 상상도 못 할 요즈음 코로나와 같은 몽환적인 사건 사고가 예기치 않게 찾아든다. 삶이란 우리가 생각하는 것만큼 결코 행복하지도 불행하지도 않다는 선인들의 말이 있다. 요즈음 우리의 삶은 진퇴양난(進退兩難)이란 나아갈 수도 물러설 수도 없는 궁지에 전 세계가 처해 있다. 하지만 전화위복이란 화가 바뀌어 복이 된다는 말도 있으니 참고 기다리는 수밖에 없을 듯싶다. 남편 이야기를 쓰면서 같이 사는 동안 단 한 번도 '사랑한다'는 말을 해본 적이 없다. 그런데 이상하게 남편이 좋아했던 음식을 나도 좋아하고 있다는 것을 느끼면서 일심동체(一心同體)란 용어가 실감나게 느껴진다.

늙어가면서 식욕이 떨어진다. 그런데 돌게장, 민들레무침, 꽃게무침 이런 것들이 생각난다. 모두가 남편이 좋아했던 것들이다. 수십 년 평생을 같이 살았으니 어쩔 수 없는 당연한 현실인 듯싶다. 며느리가 살림은 전적으로 맡아서 하고 있다. 하지만 내가 먹을 것은 스스로 해야 한다. 꽃길을 산책하면서, 먹거리를 생각하며 추억 속으로 유영해 본다. 안정되면 재래시장을 가보아야겠다.

4월이라는 계절의 한 자락 속에서 한겨울 추위 속에 숨어 있던 생명들이 자신들의 모습을 자랑하고 싶어서 포근한 봄 햇살 옷을 입고 사람들의 눈을 유혹하고 있다. 어여쁜 모습으로….

(2020. 4)

인견(人絹)과 함께한 세월

조간신문을 들추다가 옷 광고에 식물성 자연섬유 '풍기 인견(人絹)'이란 글자가 눈에 들어온다. 풍기 인견은 역사가 길지 않다. 옛날에는 공주 유구에서 나오는 유구 인조와 강화에서 나오는 강화 인조가 있었지만, 외출복으로 만들어 입을 수는 없었다. 속옷과 이불홑창, 수의 등으로 쓰였다.

수년 전부터 경북 영주시 풍기의 특산물로 풍기 인견이 나오면서 인기를 끌기 시작하였고 여름 이불이며 외출복으로 각광을 받게 되었다. 인견은 나무에서 추출한 실을 원료로 천연섬유인 누에가 만든 비단에 비견해 '사람이 만든 비단'이란 뜻을 갖고 있다.

식물성 자연섬유로 땀의 흡수가 빠르고 정전기가 없으며 촉감이 차고 상쾌하여 에어컨 섬유로 불릴 정도로 여름 삼복

더위에 큰 인기를 얻고 있다.

나도 풍기 인견의 애호가 중의 한 사람에 속한다.

오늘은 5월 중순이며 음력 4월 중순에 속해 있지만, 유례없이 33℃란 폭염주의보까지 내려져 있다.

수년 전 풍기 인견이 나오면서 내가 입는 여름옷은 속옷에서 외출복까지 모두가 풍기 인견 일색이다. 사치를 모르는 나로서는 백화점에서 산 것은 없다. 재고품 정리하는 곳에서 싸게 사다가 고쳐서 입었다. 바느질을 잘할 수 있는 재능이 있다는 것은 크나큰 자부심이다.

옷장 속에 걸린 여름옷은 풍기 인견으로 만든 블라우스며, 치마며, 바지 속옷인 러닝까지도 모두가 직접 만들어 입은 것들이다. 여름 이불도 가족별로 모두가 풍기 인견 일색이다. 나는 버릇처럼 여름이면 동대문시장을 한 바퀴 돌아본다. 수십 년 전 이불 사업을 할 때부터 수도 없이 드나들던 곳이라 친숙하게 느껴진다. 안면 있는 상인들도 더러 있다.

지하철을 타고 을지로4가에서 내려 광장시장 쪽으로 가노라면 청계천에 흐르는 물을 볼 수 있다. 옛날에 볼 수 없었던 변모한 자연의 모습들이다. 세월은 윤회하면서 수십 년을 흘러 오늘의 나라는 존재를 있게 하였다. 그 힘든 과정 속에서 굽히지 않고 최선을 다하여 살았노라고 외쳐주고 싶다. 이런 마음으로 청계천 변을 걸어 볼 때가 많았다. 광장시장으로, 동대문 종합시장으로 돌아보면서 젊은 시절의 내 모습이 잔영 속에 애잔함으로 다가온다.

하지만 그 시절의 나는 현재의 '나'가 아니었다. 젊었고, 건강했고. 부지런했고 좌절이 없었다. 하면 된다는 의욕만이 나를 지배하고 있었다. 그런데 현재는 아니다. 너무 늙어있고 건강치 못하고 아무런 의욕이 없어 아무것도 할 수가 없다.

지난 주일에는 교회에서 장로, 안수집사, 권사로 당선된 직분 자들이 발표되었다. 몇 년 전까지도 임직된 권사들에게는 속치마 대용으로 인조바지를 만들어 선물하였다. 권사가 되면 안내를 서야 하고 안내인들은 바지 대신 치마를 입어야 하기 때문에 속치마가 필요하다.

수십 년 전 내가 권사로 임직되었을 때 많은 사람들로부터 선물을 받았다. 몇 년 동안은 내가 받은 사람들에게만 인조바지를 선물했다. 하지만 하나님의 사랑은 모든 사람에게 공평하다는 것을 깨닫게 되면서 죄책감으로 밀려왔다.

그 후로부터는 몇 명이 되었건 몇십 명이 되었건 하나님의 사랑을 품고 선물했다. 속바지는 흰색 인견이어야 한다. 아래쪽에는 5cm 정도 넓이의 흰색 면 레이스를 달아야 한다. 인조와 면은 삶아도 변질이 없기 때문이다. 문제가 되는 것은 개인의 치수다. 키가 작고 큰 것, 몸이 가늘고 뚱뚱한 것, 수십 명의 임직자들이 세워지면 난처했다. 교회 요람책을 펴놓고 임직자들의 이름에 체크를 한다. 대·중·소로 표시하며 재단을 했다. 재봉틀로 박아 완성품으로 탄생하면 반드시 이름을 표시해야 했다.

시간이 있을 때만 재봉틀에 앉아 있노라면 많은 날들이 필요했다.

완성된 후의 기쁨은 나만이 가질 수 있는 행복감으로 다가온다. 나에게 주어진 재능을 통하여 작은 것이지만 갚으면서 베풀 수 있음에 감사할 수 있었다.

이제는 모든 것이 끝난 기분이다. 바늘구멍이 보이질 않는다. 귀가 제대로 들리질 않아 보청기를 끼워야 한다. 지난번에 임직된 16명의 권사들에게 『운현수필』집으로 선물했다.

우리에게 영원이란 없다. 잠시 소풍 나왔다가 본향으로 돌아가는 것 뿐이다.

「이런 노년이 되게 하소서」란 글을 읽어본다.

눈이 침침하여 길 인 보이고
귀가 어두워져서 소리가 들리지 않고
말과 걸음걸이가 어눌해져 가지만
나를 추하게 늙어가지 않게 하시고
내가 늙어가는 사실을 두렵지 않게 하옵소서

세월은 만져지지 않고 소리로 들을 수도 없다. 늙음이란 현실만이 나에게 다가올 뿐이다. 영원히 변치 않는 필연과 예측 불가능한 우연 사이에 얽매여 살아야 하는 것이 인생인가 싶다.

우리 집 주변 로데오거리는 옷가게로 완전 점령당했다. 몇 년 전만해도 한두 개 점포만이 '풍기인견전문'이란 간판이 보이더니 현재는 여름이 다가오면서 많은 점포가 풍기 인견 옷들을 팔고 있다.

풍기 인견은 계절상품이다. 여러 해를 입어 빛바래고 후줄근해진 풍기인견 블라우스들을 금년 여름에도 내어 입을 때가 되었다고 무더위가 재촉하는 듯싶다.

(2016. 5)

4

추억의 여인들

모두 15명이 개봉동에 사는 친구 집에서 모였다. 두 친구는 손자와 손녀의 손을 잡고 왔다. 이름을 대지 않으면 생소한 얼굴이지만 이름을 듣고 어릴 적의 모습을 그려보면 차츰 모습이 익숙해진다. 모두가 만남의 기쁨과 흥분으로 차 있다.

삶 속 순간의 시간

하루의 시작이다. 밖으로 나와 사방을 둘러본다.

햇빛 밝은 날이지만 미세먼지로 인하여 맑은 하늘은 아니다. 그런대로 나무들이 빽빽한 산 쪽으로는 연둣빛 바람이 기분 좋게 일렁이고 있다.

발걸음을 재촉한다. 4월 17일 수요 예배시간을 맞추기 위해서는 두 시간을 남겨놓고 탄현역까지 가야 하는데 늦은 것 같아 마음이 급해진다.

경의선 열차는 노인들이 많아서 경로우대석에 앉는다는 것이 여간 어려운 일이 아니다. 경의선은 지상으로 달리기 때문에 자연 속에서 계절의 변모를 보고 느낄 수 있어서 다행이다.

얼마 전까지는 산수유와 개나리꽃으로 노란색의 일색인가

싶더니 얼마 후에는 벚꽃으로 온통 우리의 눈을 호사시켰다.

시계를 보니 노량진에서 교회차를 탈 수 있는 시간이 늦어졌다. 교회 차를 타는 사람들은 모두 먼 거리에서 차를 갈아타면서 오는 분들이다. 때로는 왜 그렇게 멀리 교회를 다니느냐고 말을 듣지만 수십 년, 아니 평생을 다니던 교회이기 때문에 친정집에 가는 기분이며 내 고향에 가는 기분임을 어찌하랴!

전철 경로우대석에서 90이 넘은 할머니가 서울에 있는 ○○교회에 가는 길이라고 한다. 그분 역시 나와 같은 생각 때문일 것이다. 생각이 곧 우리들의 생활이 되는 것이 아닐까?

수십 년 얼굴을 마주 보고 함께 찬양하고 담소를 나누면서 살아온 세월이 있기에 수 시간 차를 갈아다며 본 교회로 향하는 발걸음이 즐거움이다.

노량진역에서 교회까지의 걷는 시간은 내 걸음으로 이십여 분 걸린다. 외출이나 약속 시간은 한 사람의 건강 수명이라는 말도 있다. 늦봄의 화창한 햇살을 맞으면서 젊은 시절에 많이도 걸어 보았던 길을 걷는다. 노량진 초등학교 운동장 밑으로는 백여 미터가 넘을 정도로 길게 큰 바위 축대로 되어 있다. 바위 축대 사이사이로 연륜을 자랑이라도 하는 듯 연산홍, 철쭉, 진달래가 활짝 피어 지나가는 행인들을 유혹하고 있다.

내 속에서 탄성이 터져 나오면서 '그래 걸어오길 잘했어.' 소녀 시절의 봄 햇살 같은 미소를 담는다.

교회 차를 타고 갔으면 이런 순간을 체험하지 못했을 것이다. 교회 정문으로 올라가는 비탈길이 나의 나이테로 숨이 차오른다. 하지만 예배시간에 맞추어 정시에 도착했다는 안도감으로 감사했다.

엘리베이터 앞이다. '숨 고르는 순간' 다리에 힘이 빠지면서 중심이 잡히질 않는다.

'어… 왜 이러지?'

짧은 생각 속에 만약 무릎 꿇어 엎어지면 평생을 무릎 때문에 고통 받는다는 생각과 함께 다리를 뻗은 자세에서 앞으로 넘어지는 순간 얼굴이 시멘트 바닥에 부딪히면서 이빨이 입술에 부딪치는 느낌이다. 정신을 가다듬으면서 머리를 들었다. 왼쪽 입술 안에서 피가 줄줄 흘러내린다. 지나가던 권사가 사무실에 알렸고 사무장께서 달려 나와 피를 닦아주셨다. 본당에서 안내원들이 내려오고 찰나 아수라장이 되었다.

119구급차가 왔고 병원 응급실로 가야 했다. 모든 과정은 사무장님께 맡기는 수밖에 없었다. 우리 교회는 연로한 분들이 많아서 사무장님께서는 숙달된 경험으로 익숙하셨다.

응급실로 가서 생각해 보니 수요 예배 후, 바로 위 언니집에 가기로 한 것이 떠올랐다. 수원 쪽으로 이사 와서 수개월이 되었지만 찾아가 보지도 못해 오늘 집에 가기로 약속했던 것이다. 언니한테 응급실이라면서 전화할 수밖에 없었다.

처음 당해보는 나로서는 어안이 벙벙하여 그저 따라다니면서 순종하는 수밖에 없었다. 입술 안쪽이 찢어졌기 때문에 치과에 가야 한다는 결론이 나왔다. 응급실에서 기다릴 필요가 없다 하여 교구 담당 목사님 차로 사무장님이 안내하는 S병원에서 찢어진 입술을 치료받고 목사님이 집까지 데려다주었다.

괴테의 말이 생각난다. '괴로움이 남기고 간 것을 맛보아라. 고통도 지나고 나면 달콤한 것이다.'라고 했다. 성경에도 '범사에 감사하라'는 말씀이 있다. 살아온 연륜 속에서 내 몸을 휘감고 있는 나이테는 내가 원하지 않는 사건 사고를 안겨준다. '고통은 많은 생각을 하게 한다'고 했다. 또한 '사고는 현명하게 만든다.'라고도 했다.

순간적으로 사고를 당하고 보니 우리가 살아가는 동안 완벽이란 우리에게 없다는 것을 깨닫게 된다.

하룻밤을 자고 거울 앞에 얼굴을 내밀어 본다. 말로는 표현할 수 없는 내 얼굴의 흉상이다. '도깨비'라는 말을 어릴 때부터 들어왔건만 본 적은 없다. 현재 나의 모습을 도깨비에 비유해야 하는 것인가? 참담한 마음이다. 코 밑으로 목 주변까지 시커멓게 멍이 들어 퉁퉁 부어오른 얼굴! 아무것도 씹을 수 없는 치아! 하지만 마음만은 평안하다.

이럴 때일수록 감사의 조건을 찾아야 한다. 얼굴 중에 안쪽으로 찢어질 수 있는 곳은 입술밖에 없다. 얼굴 외부로 상처를 입지 않은 것이 기적 같은 일이다.

사랑하는 가족 중 누구도 아닌 내가 넘어진 것이 얼마나 다행인가. 또한, 혼자만 있는 곳에서 넘어졌다고 생각하면 끔찍하다. 교회에 도착해서 넘어졌고, 교회 속 다른 사람이 아닌 내가 넘어졌음도 감사한다.

성경 말씀 중 '세상 끝날까지 함께하여 주신다.'는 말씀이 있어 누구에게라도 '주님'이 함께하심을 신앙인으로서 고백할 수 있다.

멍이 든 곳에는 적외선 치료가 적격이라 한다. 다행히 적외선기가 있어 하루 수십 분씩 치료했더니 정상으로 좀 더 빨리 돌아올 수 있었다.

한 달여 동안 밖에도 나갈 수 없던 순간의 삶 속에서 현존하고 있음이 우리의 삶이요, 이런 것들이 결국은 인생이라는 것이 아닐까.

(2019. 5)

철없는 사랑 고백

거실 바닥에 핑크색 종이가 떨어져 있어 주워 보았다. 며칠 전 유치원 졸업식을 한 손자 하헌이에게 보낸 여자 친구의 사랑 고백 엽서다.

하헌아 사랑해♡ 좋아해♡
하헌아 지금부터 우리 더욱 친하게 '진내자'♡

웃음이 번진다. 며칠 있으면 초등학교에 입학할 아이들이다. 어린것들의 순수한 사랑 고백을 보는 순간 긴 세월 속에 덮여 잊었던 나의 소녀 시절의 장면들이 파노라마같이 스친다.

고등학교 때의 일이다. 담임 선생님이 전해주는 편지 한 통을 받았다. 물론 봉합 쪽이 가위로 잘린 상태다. 여학교에서 연애편지는 절대로 전해주지 않게 되어 있다. 겉봉을 보니 초등학교 남자 동창 K의 이름이다. 의아해하면서 편지를 읽어 보았다.

서두에 '너는 나를 싫어하고 미워한다.'라고 시작되었다. 끝까지 읽어 보니 초등학교 4학년 이성을 분별할 때부터 좋아했다는 것이며, 나와 가까워지기 위하여 내 바로 위 언니를 누나로 부르기로 했다는 것이다. 나를 위하여 사회적인 입지를 든든히 하기 위하여 공부를 한다고까지 했다.

K는 초등학교 동창 중에서 항상 1등이었다. 머리가 비상한 친구다. K를 따라잡을 사람은 없었다. 집안은 독실한 기독교 집안이었고 아들만 4형제 중 맏이였다. K의 집안이 위기를 맞게 된 것은 6·25 때였다. 감리교회 장로였던 K의 아버지가 공산당으로부터 반동분자라는 이유로 학살을 당한 것이다.

공산당은 체제 유지를 위하여 종교를 거부한다. 자기들의 유일 체제를 신격화하고 있기 때문이다. 가장인 아버지를 잃어버린 K의 가족은 수복 후 어려운 환경에 처하게 되었다.

K는 진학 후 얼마 다니다가 학교를 중퇴하고 독학으로 보통고시에 합격하여 충남도청에 근무하고 있었다. 편지 서두에 자기를 미워하고 싫어한다고 한 것은 답장을 받아 내기 위한 전술인지도 모른다.

답장을 해야만 했다. 싫어할 이유도 미워할 이유도 없지 않느냐고… 그 당시 나는 친척집에서 하숙하고 있었다. 먼 촌 할머니 집이지만 할머니는 아주 엄격한 분이셨다. 답장하는 주소를 하숙집 주소로 한 것이 큰 실수였다. K는 수없이 편지를 하숙집으로 보내왔고 할머니는 편지를 압류하여 모아 두었다가 언니가 다니러 왔을 때 언니에게 내어 주었다. 그 후 단 한 번도 K에게 편지를 한 적이 없었다. K를 동창생 이상으로 생각하지 않기 때문이었다.

어느 일요일이었다. 감수성이 예민한 사춘기라서 머리 손질이며 교복 손질이며 일요일에도 쉴 틈이 없다. 우리가 쓰고 있는 방 담장 너머에는 잘 다듬어진 동산과 묘지가 있었다. 그런데 정오경에서부터 바바리 차림의 청년이 우리 방 쪽을 향하여 앉아 있다. 수 시간 후 대문 밖에서 나를 찾는다는 식모 아줌마의 말을 듣고 나가 보았더니 K다. 잠시 이야기 좀 하자고 한다.

편지 사건이 있던 후로는 책방에 가는 것조차 할머니께 허락을 받아야 하는 실정인데 K가 찾아왔다는 자체가 큰 사건이었다. 할 말도, 들을 말도 없다고 냉정하게 거절하여 돌려보낸 적이 있었다. 그 당시에 우리는 연애편지를 받는다는 자체가 두려움이었고 가문에 누가 될까 걱정될 때였다. 그래서인지 여러 남매이지만 단 한 명도 연애 결혼한 사람은 없다.

K는 혼자서 외지생활을 하고 있기 때문에 고향집에 올 때에는 스스럼없이 우리집에도 들렀다. 가정적으로도 알고 지내며 위 언니를 누나로 부르기로 했으니 우리 가족도 자연스럽게 대해 주었다.

결혼 적령기 때였다. 집에는 나와 식모 아가씨 둘만 있을 때 K가 왔다. 방으로 안내하고 나의 약혼을 알려야겠다는 의무감 같은 생각이

들었다. 약혼반지를 끼고 있는 손을 보이면서 약혼을 했다고 말하는 순간 K의 표정을 어떻게 무엇으로 표현할까.

그런 것을 두고 망연자실(茫然自失)이라 하는 건가. 옆에 놓여 있는 물그릇이 엎어지는 것도 모르는 채 넋 잃은 사람같이 처절하게 K의 온몸을 휘감고 있는 듯 보였다.

단 한 번도 자기의 머릿속에서 나라는 존재를 잊어 본 적이 없다고 고백했던 K가 그날 친정집 대문을 나간 후로는 수년을 소식을 모르고 지냈다. 그러던 중 K의 친척인 여자 동창생이 S병원에 입원했다는 소식을 듣고 서울에 사는 친구들 몇 명이 문병 갔을 때 K가 우울증에 시달리고 있다는 이야기를 들으면서 죄책감이 밀려왔다.

긴 세월은 흘렀고 동창회를 한다는 연락을 받았다. K와 친했던 남자 동창의 말이다. K와의 전화 통화 중 아들 둘이 서울대에 다닌다고 자랑삼아 이야기하더란다.

전화하면 아들 자랑만 한다고 비아냥거리는 말투다. 그 말을 듣는 순간 잠재의식 속에 K에 대한 죄책감들이 한꺼번에 풀리는 기분이었다. K는 국가고시로 고급공무원에까지 올라 있었다.

어린 손자 여자 친구의 철없는 사랑 고백같이 K가 나에게 고백한 많은 것들이, 모두 철없는 사랑 고백이었기를 바라는 마음으로 K의 가정에 행복만이 가득하기를 기원한다.

(2013. 2)

추억의 여인들

고향 지인의 혼사에서 예식이 끝나고 나에게 다가와 반갑게 이는 체하는 여인과 마주쳤다. 전혀 알 수 없는 얼굴이다. "나 태건이야." 하면서 활짝 웃고 서 있는 여인의 얼굴을 살폈다.

박태건. 초등학교 동창이다. 순간 반가워서 서로의 손을 잡고 눈을 떼지 못했다. 길에서 만나면 전혀 알아볼 수 없는 얼굴에서 차츰 어릴 적 모습이 그려진다. 초등학교 졸업 후 처음이니 알아볼 수 없는 것이 당연하다. 그 친구는 계속 고향에서 살아왔단다.

그것이 계기가 되어 초등학교 동창 모임을 갖기로 했다. 첫 모임이 있는 날이다. 서울과 인천에 사는 몇몇 친구는 매월 친목회 모임으로 우리집에서 만나고 있을 때였다.

내가 이불 사업 관계로 돌아다닐 수가 없어 우리집에서 모임을 갖고 있었다. 지방에 있는 친구들은 태건이가 맡아 서산, 대전, 당진, 예산에서 왔다.

모두 15명이 개봉동에 사는 친구 집에서 모였다. 두 친구는 손자와 손녀의 손을 잡고 왔다. 이름을 대지 않으면 생소한 얼굴이지만 이름을 듣고 어릴 적의 모습을 그려보면 차츰 모습이 익숙해진다. 모두가 만남의 기쁨과 흥분으로 차 있다.

정성껏 차린 점심상이 거실에 차려졌다. 누구인가 상 위에 소주병을 놓는다. 초대한 친구는 독실한 기독교인이라서 술을 권할 리가 없다. 조금 후에 젓가락 장단이 나온다. 술을 못 하는 친구들은 얼굴을 마주보며 의아해하는 표정이다. 그렇다고 누구 한 사람 판을 깰 수는 없다.

수십 년이 흘러가는 속에서 생활의 방법이 다를 뿐이다. 동창생이란 명분 하나만으로 달려온 모임의 장소가 아닌가? 학교 때 친구들은 아무리 세월이 흘러도 해라를 할 수 있고 이름을 부를 수 있다.

사회 친구들과 구분되는 것이 그것이다. 교회 생활 수십 년이지만 누구 한 사람 반말을 할 수 없고 해라를 할 수 없다. 이날이 첫 모임이기에 회칙도 모임의 이름도 없었다.

속으로 '이것이 아닌데…' 하는 씁쓸한 분위기 속에서 매월 넷째 주 토요일에 각 가정의 초청으로 만나기로 하고 첫 번째 만남은 그렇게 헤어졌다.

집에 돌아와서도 내내 마음이 무거웠다. 다시 동창 모임의 날짜가 다가올수록 무엇인가 바꿔 놓아야겠다는 생각이 꿈틀거려 만나기 며칠 전에 밤을 새워가며 회칙과 「추억을 기리며」라는 시를 적어 보았다.

「추억을 기리며」

왜정 통치 삼십육 년 마지막 해.
치마저고리 곱게 차려입고
엄마 아빠 손잡은 작은 아이들이
충청남도 서해안 작은 마을 학교에
수줍음으로 만났다
순이도 희야도 이 나라 아이였건만
내 이름도 내 나라 글도 잃어버린 세월

여름방학 중간에 만세 소리 들리던 날!
팔월 십오일 아~ 무더웠던 그날은
내 나라도 찾았고 내 이름도 찾았던 날!
감격의 날은 가고 평온한 계절 속에서
철없는 아이들은 만나면 즐거웠다

봄이면 뒷산에 할미꽃 따고
가을이면 들국화 핀 언덕을 뛰며
세월은 갔고 아이들은 자랐다
봄에도 가을에도 소풍 가는 날이면
비가 올까 걱정하며 잠 못 이루었고
하늘 높푸른 운동회 날이면
넓은 마당 열심히도 달려 보았다.
학예회가 다가오면 서툰 연극 대사를 외웠고
목청이 터져라 합창도 하였다

아~ 아 그러길 육 년간
얼굴 마주 보던 소녀들이
우리 처음 만나던 나이의 손자 손녀 손목 잡고
반백의 여인 되어 다시 만났다
시절도 변하였고 사람도 변했건만
추억의 여인들은 동심이 되어 옛날로 달려간다

지금도 꿈속에선

고향 산천 생생하여
꿈 깨이면 향수되어 추억만이 남더니
꿈에 보던 소꿉친구 오늘에 보니
마음은 동심되어 고향으로 달려간다
우리들 고향은 양반 땅 한쪽 작은 마을이었다

모임의 이름은 '동우회'라 정했다. 회칙 맨 끝에는 동우회 모임은 현모 현처로서 충청도 여인의 본이 되기 위하여 모임에 술은 절대 금하고, 퇴폐적인 행동도 금한다고 정했다. 모임이 있는 전날에 프린트를 하여 두 번째 모이는 날 인천에 있는 친구 집에서 복사본을 나누어 주고 점심상이 나오기 전 낭독해 주었다.

몇 명의 친구들은 눈물까지 보였다. 그날 이후 술병과 젓가락 장단은 없어졌다. 회칙을 남편들에게 보여주니 남편들이 더 좋아했다고 하면서 한 친구 남편은 회칙 수첩을 만들어 보내 나누어 주기까지 했다.

십수 년을 만나던 소꿉친구들도 하나둘 건강 관계로 먼 길을 왕래할 수가 없어 현재는 전화 통화로 안부만 전할 뿐이다.

추억이란 소중한 보따리를 끌어안은 채, 언젠가는 다시 만날 수 있기를 소원하면서….

(2012. 6)

단오절(端午節)

오늘따라 일찍 퇴근한 며느리 미선이와 온 가족이 함께 저녁식탁 앞에 앉았다. 나는 처음부터 며느리를 미선이란 이름으로 부른다. 낮에 달력을 들추다가 음력 5월 초닷새 단오절을 보았다.

손녀 은지에게 단오절이 무슨 날이냐고 물었다. 창포물에 머리감고 그네 뛰는 날이라고 서슴없이 대답한다. 학교에서 배웠단다. 머릿속에 많은 것이 입력되어 있는 현세대 아이들의 발상이다. 옆에 앉은 미선이도 자기도 머릿속으로만 알고 있지 직접적인 체험은 없다고 한다.

고향집 넓은 마당 옆으로 작은 언덕에는 거대한 고목 벚나무가 마을을 내려다보며 버티고 서 있다. 서울에 와서 수십 년을 살았지만 그렇게 큰 벚나무는 본 적이 없다.

아버지께서는 매년 단오절이 가까워 오면 머슴들을 시켜 굵은 동아줄을 틀게 한다. 그네를 매어주기 위해서다. 딸들이 많은 아버지의 배려인 것이다.

벚나무 옆으로 뻗은 굵은 가지에는 4~5m의 긴 그넷줄이 매어지게 되어 있다. 새끼줄로 엮은 발판을 끼우면 완성이다. 해마다 연례행사처럼 진행되는 아버지의 사랑에 얽힌 배려이지만 그때에는 사랑인 줄도, 배려인 줄도 모르는 채 그저 그네 뛸 생각에 즐겁기만 했다.

아버지의 사랑은 그뿐이 아니었다. 설 명절이 오면 널찍한 널판을 준비해 놓고 가마니를 둘둘 말아 널판 밑에 받쳐 놓으면 훌륭한 널뛰기 놀이가 준비된다. 온 동리 처녀와 아이들이 대보름 때가 지나도록 널뛰기를 즐겼다. 또한 어린 아들들의 연 날리는 모습이 보고 싶으셔서 불기 없는 사랑방에서 밤이 늦도록 연을 만들기도 하셨다.

내가 졸업 후 집에 있을 때에는 중고등 학생인 동생들을 위하여 안마당에 탁구대를 설치해 주셨다. 그 덕분에 우리 남매들은 기초적인 탁구 실력을 갖게 되었다.

단오절 그네를 매 놓으면 그날부터 온 동리 아이들은 그네 매인 나무 밑에서 줄을 서 기다리는 모습이었다. 그때 그 소꿉친구들이 보고 싶다. 오락시설이 없던 우리 세대는 그렇게 자연과 더불어 자연을 만끽하며 살아왔다.

학교 운동장에도 별다른 놀이기구는 없고 철봉대 몇 개만 높낮이로 세워져 있을 뿐이었다. 쉬는 시간에는 운동장에 나가서 술래잡기, 공기

놀이, 고무줄 넘기, 사방치기 등 그런 것들뿐이었다.

그넷줄을 매 놓으면 학교에서 가깝지 않은 거리였건만 점심시간을 이용하여 집으로 달려가 그네를 뛰다 오곤 했다. 그네는 줄이 길수록 멀리 나가게 되어 있어 하늘을 나는 기분이다.

춘향이 그네 뛰는 모습에 반한 이몽룡을 생각한다. 댕기 끈과 치마폭을 휘날리며 어여쁜 자태로 그넷줄을 잡고 창공을 나는 모습이 한 폭의 천사 같은 모습이었으리라.

김말봉 작시 김수현 작곡 「그네」가 생각난다.

세모시 옥색치마 금박물린 저 댕-기가
창공을 차고 나가 구름 속에 나부낀다 -
제-비도 놀-란- 양 나래 쉬고 보더라

한-번 구-르니 나무 끝에 아련-하고
두 번을 거듭 차니 사-바가 발 아래라 -
마 -음의 일만 근심은 바 -람이 실어가네

초등학교 6학년 6·25가 나던 날은 일요일이었다. 일요일이라 신문도 없고, 라디오도 없으니 뉴스 매체가 없는 시절에 산촌과 시골에서는 감감무소식일 수밖에 없었다.

그때에도 단오절이 며칠 전에 있어 그네뛰기에 몰두해 있었다. 다음 날 월요일에 등교하였더니 학교 주변에 사는 친구들이 긴장한 모습으로 북한군이 탱크를 몰고 우리나라에 쳐들어왔다는 전쟁 소식이다.

학교 주변에는 관공서들이 몰려 있어 뉴스가 빠르게 전해질 수 있기 때문이다. 학교 분위기가 긴장 상태였다. 우선 집에 가서 부모님께 소식을 전해드려야겠다는 생각과 그네를 뛰고 싶은 욕망에 점심시간에 집으로 뛰어갔다. 부모님의 당황스러워하시는 놀라운 표정을 보면서 그날만은 그네 뛰는 것을 포기하고 학교로 돌아갔다. 그 해의 단오 명절은 그렇게 우울함 속에서 즐거운 줄 모르고 보내버린 날이 되었다.

오늘도 은지는 학교에서 오기가 바쁘게 학원에 간다고 무거운 책가방을 자전거에 싣고 나선다. 현세대에 사는 아이들의 머릿속 지식은 풍부하지만, 자연에서 보고 느끼는 정서가 부족한 듯싶어 안타까움을 느낀다. 오로지 경쟁 사회 속에 머물면서 혹사당하는 어린것들의 모습이 측은하다.

단오절이란 단어를 달력 속에서 찾아보면서 고목나무에 매인 동아줄을 부여잡고 힘차게 창공을 날아보던 시절이 그립기만 하다.

"다녀오겠습니다." 인사하고 나가는 은지의 뒷모습을 바라보면서 비록 험난한 경쟁 사회 속에 살고 있지만, 모든 면에 탁월한 재능을 지닌 너의 머릿속에 굵고 질긴 동아줄을 그려놓고 꼭 붙잡아 넓고 넓은 창공을 즐겁고 행복하게 훨훨 날아보렴.

할미의 기도가 간절하다.

(2012. 5)

몰라서 용감했다

노래는 시대성에 가장 민감한 예술이라고 하였다. 언제부터인가 노래방이 생기면서 현세대들은 노래방에 가서 스트레스를 푼다. 노래방에서는 음치도 박치도 따질 필요 없이 그냥 큰소리로 질러대면 되는 양 시끄럽다. 내 취향에는 맞지 않아 노래방에 가본 적이 두어 번 정도다.

얼마 전에 손녀 은지의 중간고사가 끝나는 날 친구들과 어울려 노래방에 간다고 나선다. 노래방에 가서 마음껏 질러대며 지친 심신과 머리를 식히려는 것이다. 노래와의 데이트 시간을 갖기 위해서다.

반세기 이전 내 유, 소녀 시절로 돌아가 본다. 노래를 좋아하고 못 하는 것도 유전 인자가 작동한다. 우리 다섯 형제 중 두 언니는 노래하는 것도 흥얼대는 것도 보지 못했다. 그

러나 나와 두 동생은 노래를 좋아해서 학교에서 배운 가곡이나 명곡을 많이 불렀다. 그 시절에는 명절이나 경사가 있는 날에는 윷놀이판과 카드 놀이판이 벌어졌다. 항상 지는 편은 노래를 불러야 했다.

아버지의 생신은 음력 8월 15일 추석날이다. 아버지의 회갑이었다. 아버지는 술을 못 하시지만 친구분들은 모두 술을 잘하신다. 사랑방에 잔칫상이 차려지고 술잔이 오고 간 후에는 혀 꼬부라진 소리의 노랫가락과 젓가락 장단이 있기 마련이다.

'청산리 벽계수야 수이 감을 자랑마라' 시조 소리가 들리는가 하면 「아리랑」, 「도라지타령」 모두가 혀 꼬부라진 소리가 들린다. 갑자기 '동해물과 백두산이 마르고 닳도록…' 애국가가 들려온다. 분명 아버지 목소리다. 아버지의 노래다 싶었는데 그것도 중간에서 끊어진다. 우리는 단 한 번도 아버지의 흥얼거리는 소리도 노랫소리도 들어본 적이 없다.

하지만 어머니는 젊은 시절 유행했던 「이 풍진 세상」이란 노래를 심심치 않게 부르셨다. 우리도 어머니의 노래를 귀에 익히면서 따라 불렀다. 두 언니는 아버지의 DNA를 받았고 우리 세 형제는 어머니의 DNA를 받았음이 아닐까.

달빛이 창호지 문에 가득 채워지는 날이면 문을 열고 내다본다. 나뭇가지에 걸린 달이 웃고 있다. 별빛들까지도 깜빡이며 유혹하는 밤이면 누가 먼저랄 것도 없이 「달밤」이란 가곡을 부르게 된다.

등불을 끄고 자려 하니 / 휘영청 창문이 밝으오 / 문을 열고 내어다보니
달은 어여쁜 선녀같이 / 내 뜰 위에 찾아오네 / 달아 내 사랑아
내 그대와 함께 / 이 한밤을 이 한밤을 / 얘기하고 싶구나

노래는 한참을 이어져 나간다. 그것이야말로 우리들만의 노래방인 것이다. 끝마무리는 「즐거운 나의 집」을 이중창으로 마무리한다. 형제들도 지금은 모두 할머니가 되어 그 옛날 행복했던 순간들을 생각이나 하고 있을까….

노래로 인하여 나에게는 잊을 수 없는 에피소드가 하나 있다.

남편 친구 내외의 인도로 현재 다니고 있는 교회에 나가게 됐다. 예배시간 옆자리에 앉은 성가대 소속 권사로부터 다음주부터 성가대에 함께하자는 권유가 있었다. 초신자로서 교회의 교칙을 전혀 모르는 상태였다. 그분의 권유대로 그 다음주부터 연습실에서 연습하고 성가대

에 서기 시작한 것이 30여 년에 이르렀다.

나중에 안 것이지만 성가대는 세례 교인에 한하여 선다는 것을 알았다. 그 당시 나는 학습도, 세례도 받지 않은 상태였다. 성가대를 권면한 분은 나를 세례 교인으로 착각하여 권했을 것이다. 그렇다고 누구 한 사람 나에게 말해주는 사람은 없었다. 상처가 될까, 염려스러워서 그랬을 것이다.

그때를 생각하면 죄스러움이 마음 한쪽 깊이에서 되살아난다. 노래를 잘해서가 아니다. 좋아했을 뿐이다. 몰라서 용감했고 좋아서 용감했다. 나이는 숫자에 불과하다 했다.

산수(傘壽)가 지나도 성가대에서 성가를 부르리라. 행복하니까!

(2014. 11)

가을을 닮은 대원들

나무들의 옷치장이 마냥 화려해지고 있으니 관광버스 앞에 모인 대원들의 옷차림 또한 뒤질세라 화사하다. 1년에 한 번밖에 없는 성가 대원들의 야외 나들이다.

교회적으로는 야외 '세미나' 행사다. 멀리에서 가까이에서 모여든 수십 명의 대원들의 이른 아침 표정이 밝아 보인다. 가정이란 틀에서 해방되어 자연의 품속에서 어울려 하루를 보낼 수 있는 것만으로 즐거움이요, 행복이 아닐까?

20년 전 내 손으로 만든 옷을 옷장 속에 걸어 놓고, 야외에 나가는 날에 티셔츠 위에 체크 무늬 모직 윗옷을 걸쳐 입었다. 입고 나서는 나를 보며 "이 옷 직접 만든 거지요?" 묻는다. 좋아 보여서 그런단다.

젊어서 만들어 입은 것이니 너무 화려해 보여서 그런 것

이 아닌가 싶어 약간은 쑥스럽기도 하다. 하지만 주변에 나무들을 보라. 얼마나 화려한 옷을 갈아입고 있는가를…

생명이 얼마 남지 않은 것을 아는 몸부림인 듯하지 않은가!

담임 목사님의 기도가 있었고 관광버스는 시내를 벗어나기 시작하면서 명 사회자인 K권사의 등장으로 게임이 시작되고 노래가 끊이지 않는다.

찬송가는 합창으로 할 때에만 부르고 개인적으로 부를 때에는 명곡이나 가곡, 유행가, 자유곡을 불러야 한다. 게임은 사회자가 준비하여 정답을 맞히는 사람에게는 선물이 있다. 선물을 받기 위하여 골똘히 생각하며 대답한다. 거의 난센스 퀴즈 문제다. 선물을 받는 것까지는 좋은데 반드시 노래해야 한다.

문제가 나온다. “남자에게만 달린 것인데 한가운데 달려 있고 걸으면 흔들리고 뛰면 더 흔들리고 바람이 불어도 흔들립니다. 이것이 무엇입니까?” 옆 사람과 서로 쳐다보면서 웃기만 하고 대답하는 사람이 없다. 대부분이 남자의 육체의 일부분을 생각했기 때문이다. 물론 차내에는 남자 대원들도 함께였지만 그들조차도 대답이 없다.

정답을 기다리다 못한 사회자의 정답인 즉 “넥타이입니다.”라는 말이 나오자 차내는 온통 ‘박장대소’ 웃음바다가 되었다. 왜 이상한 생각을 하느냐고… 바람에 흔들린다고 했지 않느냐고….

또 퀴즈가 시작된다. 이번에는 “고추잠자리를 두 자로 줄이면 뭘까요?” 조금 후 남자 대원이 “팬티”라고 소리를 지른다. 맞았습니다. 선물을 받으세요. 그 말에 또다시 한바탕 웃음판이 되었다.

이런 시간들 속에서 안면도로 향하는 차창 밖의 풍경들을 바라보았다. 아직은 절정을 이룬 단풍은 아니지만 온통 새 옷을 갈아입느라 단장이 한창이다. 서해안고속도로를 달리면서 나의 고향 쪽을 지나간다.

고향이란 어휘는 언제나 아련한 연민으로 안겨 온다. 서해 바다가 가까워지면서 추수가 끝난 벌판에는 철새들이 떼를 지어 날개 춤을 춘다. 차창 밖으로 몰려드는 풍광들이 어느 것 하나 창조주의 오묘함을 찬양하지 않을 수가 없다.

어느 단체나 리더십이 필요하다. 3시간여 달려 도착한 곳은 「꽃게장 백반」이란 간판이 붙은 식당 앞이었다. 대장으로 수고하고 있는 J대원이 현지답사하고 예약해 놓은 식당이란다.

중학교 시절 한문 시간에 배운 '민은 위식위천(民은 爲食爲天)'이란 말이 실감 난다. '백성은 먹는 것으로 하늘을 삼는다.'는 뜻이다.

거의 아침 식사를 못하고 왔으니 그럴 수밖에… 물론 차 안에서 떡이며 과자, 과일을 나누어 주었지만 밥을 대신할 수는 없었던 모양이다. 여기저기에서 "아줌마 밥 한 그릇만 더 주세요." 소리가 들린다. 웃고 노래하고 떠들면서 수 시간을 달렸으니 그럴 만도 했다.

다음 코스는 「꽃지 해수욕장」에 들러 썰물을 보면서 몇 명의 대원들은 썰물을 따라 모시조개를 수십 개씩 잡아들고 즐거운 표정으로 차에 오른다. 신발은 모두 흠뻑 젖어 있다.

마지막 코스로 「안면도 자연휴양림」 잘생긴 해송으로 꽉 들어차 있는 송림 길을 산책했다. 주중이라서인지 젊은 사람은 별로 보이지 않고 우리 일행들을 닮은 나이 지긋한 사람들의 일색이다.

서울로 돌아오는 길, 창밖의 석양이 유난히도 붉게 물들어 있다. 일몰의 아름다운 풍경을 바라보면서, 한 폭의 그림인 듯한 감동 속에서 가을을 닮은 대원들의 숙연한 표정 속에 잠잠한 침묵이 있을 뿐이다.

(2012. 10)

두 개의 호칭

지금도 책장 속에 이름 짓는(작명서) 책이 꽂혀 있다. 남편이 쓰던 것이다. 이름 짓기를 좋아하는 남편 때문에 조카뻘 되는 아이들이나 손주뻘 되는 아이들의 이름은 거의 남편을 거쳐 작명되었다. 돌림자를 넣어야 되기 때문이다.

한문자 '획'의 숫자풀이가 작명 책 속에는 설명되어 있다. 숫자풀이로 생사화복(生死禍福)의 풀이가 쓰여 있기 때문에 사주풀이를 하는 표징과 같다.

지방에서 사시는 바로 위형님 시아주버님이 돌아가셨다는 연락을 받고 남편은 그 당시 몸이 좋지 않아서 나만 아들 내외와 함께 장례에 참석하였다.

밖으로 나오는 길에 자손들의 명단이 쓰여 있는 장부를 보는 순간 나의 눈이 놀라움으로 다시 살펴보아야만 했다.

우리 손자의 이름은 성하헌(成河憲)이다. 그런데 형님 손자 이름이 같은 성하헌으로 되어 있다. 그 당시 형님댁 손자는 대학생이었고 우리 손자는 아주 어린 아이였다. 하(河)자 돌림이기 때문에 조카의 아들 이름을 지어 주고서 까마득히 잊어버리고 육촌 간의 이름을 동명으로 지어 준 웃지 못할 일이 있었다. 하지만 현재까지 손자의 이름은 그대로다. 조카는 지방에 살면서 얼굴을 볼 일도 없으니 족보에만 먼 후일에 동명이인으로 남을 것이다.

나의 이름은 둘이다. 결혼하기 전 서울에 다니러 왔을 때 그 당시 서울에서 유명한 작명가로 소문난 집을 호기심으로 찾아가 보았다. 물론 그때에는 교회에 다니지 않았기 때문이다. 많은 사람들이 미신이나 사주에 메어 있을 때였다.

정초가 되면 토정비결을 봐 달라고 부탁하는 사람도 많았다. 작명가 집을 찾아갔을 때 작명가의 유명세 때문인지 많은 사람들이 모여 있었다. 물론 호적 이름 풀이가 좋게 나올 리가 없다. 그 당시에는 호기심에 의한 장난기가 발동 했음직도 하다.

나의 호적 이름은 안금환(安錦煥)이다. 우리는 환(煥)자가 돌림자이기 때문에 딸로 태어났지만 예쁜 이름이 아니다. 이름 풀이를 하고 좋지 않다고 하여 새로운 이름 안정현(安貞炫)으로 일인 이명이 된 것이다.

하지만 새로 지은 안정현은 누구에게 알릴 수도 없고 알린다 해도 계속 본명으로 불려왔기 때문에 나 혼자 품고 있었다. 가족들에게도 알리지 않았다. 사십 대 초반 남편 친구분의 전도로 교회에 입교하게 되었다. 입교하는 순간 새로운 작명된 이름으로 입교명을 올렸다.

'안정현' 그 후 사십여 년간은 안정현이란 이름이 불리지만 본명과 다른 것은 새로운 이름 끝부분에는 꼭 '님'자가 따라 다닌다. OO성도님에서 해가 지나면서 집사님, 권사님 현재는 은퇴권사님으로 불린다.

40여 년이 넘도록 그냥 이름만 부르는 사람은 한 사람도 없었다. 수필가로 등단한 이름도 안정현으로 되어 있다. 문인들과의 관계에서도 이름만 불리지 않는다. 말미에는 꼭 따라 다니는 존칭어가 있다.

정현이란 이름은 친구들이나 친척들이나 가족들에게는 단 한 번도 부르는 소리를 들어보지 못했다. 부를 이유가 없기 때문이다.

며칠 전이다. 수화기를 귀에 대고 보니 반가운 목소리로 "금환이냐?" 한다. 나도 금방 목소리를 알 수가 있어 "응 춘자구나." 맞받았다. 동창 관계다. 그 친구는 나이도 같고, 생일까지도 같은 날이며 같은 하숙집에서 가깝게 지냈던 친구다.

안정현이란 이름을 사용하기 전에 나를 아는 사람은 모두가 '금환'으로 통할 수밖에 없다. 후배들에게서 가끔 전화가 오면 금환언니 목소리가 듣고 싶어서 걸었다면서 어린 시절 고향 이야기로 수다를 떨기도 한다. 그럴 때면 나 자신이 팔십이 넘은 늙은이이기보다는 어린 시절 소녀로 돌아간 기분이다.

지난 10월 달에는 동창모임에서 당진 고향 쪽에 당일치기로 여행을 가기로 정했는데, 며칠 후 책임을 감당하고 있는 친구로부터 취소되었다는 연락을 받았다.

마음은 젊은이로 움직이지만 육체의 나이테는 마음과는 별도로 반대로 움직여지기 때문이다. 모두가 팔십이 넘은 친구들의 모임이지만 만나면 이름을 부르고 해라를 하면서 청각 저하로 큰소리로 질러대면서 수다의 삼매경에 빠지다 보면 나이는 숫자에 불과하다는 말과 같이 추억 속 젊음의 모습으로 빠져들기도 한다.

주변 젊은이들의 곱지 않은 시선을 받기도 한다. 모임을 갖은 지도 40여 년이 넘었다. 몇 명의 친구는 건강상 참석하지 못한다.

외출과 약속 건수는 곧 건강 수명이라 하였다. 될 수 있는 한 친구들과의 만남에서 삶의 흔적을 떠올리며 옛날의 시간과 현재의 시간이 엮어진 채 추억이란 그림을 그려본다.

우리를 휘감고 있는 나이테로 하여금 매월 만나던 것을 짝수 달에만 모인다. 어린 시절부터 나를 아는 사람들은 정현이라 부르는 사람은 한 사람도 없다. 두 개의 이름이 불리어짐이 완전히 분류되어 있다.

세월은 물 흐르듯 흘러 팔십둘이란 숫자를 안겨 주었다. 몸통 여러 곳이 불편하다고 애원하지만 달래어 줄 길이 없다. 어느 글 속에 건강한 노년을 보내고 싶다면 '수다를 떨자'라고 쓰여 있다. 하지만 집안에 나 혼자뿐이다. 글을 읽고 글을 써야 하는 것만이 나에게 주어진 시간들 뿐이다.

대화는 혈관 속 스트레스 물질을 줄여 준다고 했다. 또한, 누군가를 만나서 대화를 하고 수다를 떨기 위해서는 만나러 가야 하고 몸을 움직여야 하기 때문에 신체에도 좋은 영향을 주기 때문이란다. 대화를 할 때는 듣기, 말하기, 생각하기의 세 과정이 함께 이뤄져 뇌에 다양한 자극을 주어서 노인성 치매 예방에도 큰 도움이 된다고 한다.

"금환아 벌써 12월이다. 너 나올 수 있지?" 영자가 물어왔다. 목소리에도 그 사람의 건강이 배어 있다. 내일모레 짝수 달 첫째 금요일, 2019년의 끝자락 달이다. 반가운 친구들의 모습을 가슴에 품는다.

(2019. 12)

태백에서 고향의 소리를…

괵, 괵, 괵 태백에서 고향의 소리를 듣는다.

6·4 지방선거가 있기 한 달 전이다. 6월 6, 7, 8일 연휴 기간에 강원도 쪽으로 여행을 가기로 예약을 해놓았다면서 어머니도 함께 가셔야 한다는 사위의 간청이 있었다.

그곳 펜션 예약은 한 달 전에 해야 하기 때문에 나에게 물어볼 시간 여유가 없었단다. 태백, 정선, 삼척 모두 말로만 들어본 지명들이다. 옛날 탄광촌으로만 머릿속에 저장되어 있다.

6월 5일에 출발하기로 했다. 현충일에는 차가 정체될 것을 대비하여 5일로 정한 것이다. 다행히 은지 중학교는 재량 휴업일로 정했고 하헌이는 초등학교라서 체험학습으로 신청하면 결석이 아니다. 아들 가족과 딸 가족 나를 포함하여 8명

이다. 아들 가족 여행에는 나는 거의 따라가지 않는다. 건강 관계도 있지만 잠자리며, 식사 관계며 신경을 쓸 일이 많을 것 같아서다.

예상했던 대로 중부고속도로는 일사천리 잘도 달린다. 두 집 가족 나들이에는 나는 사위 차를 탄다. 이번 여행도 현재 하이원 직원 중 사위와 딸이 잘 아는 직원이 있어 많은 혜택으로 가는 것이다.

다음 날이 현충일이기에 가는 길에 이천 호국원 남편의 영정에 들러 예배할 수도 있었다. 우리의 곁을 떠난 사람이지만 가족이란 영원한 존재이기에 예를 마치고 떠나는 마음에 평안이 온다.

하늘은 온통 구름바다를 이루고 뭉쳤다. 흩어지기를 거듭하며 구름쇼가 한창이다. 나무들은 청춘을 뽐내는 양 진초록색의 일색이다. 차창 밖 언덕진 곳에는 '금계국'의 노란색 군락으로 보는 이들의 눈을 즐겁게 한다. 강원도 쪽으로 들어서면서 높은 산과 하늘뿐이다.

많은 터널을 지나 찻길을 휘돌아 가다 보면 해발 몇 백 미터라는 팻말이 어김없이 서 있다. 단 한 번의 정체도 없이 목적지인 펜션에 도착하니 두 시간 후에나 입실이 가능하다고 한다. 두 시간 동안 차로 드라이브를 하였다. 사위와 딸은 여러 번 다녀갔기 때문에 안내자 역할을 한다. 높은 산 중턱에 자리 잡고 있는 웅장한 호텔이 서 있다. 이곳저곳 펜션과 여행객들을 위한 시설이 눈에 뜨인다.

언덕이 있는 곳에는 흰색의 마가렛꽃과 금계국의 노란색 꽃물결이 일렁이며 여행객들을 환영하는 듯 보인다. 강원랜드 하면 도박장으로 인식이 되어 있어 현재는 하이원으로 개명을 했단다.

도시에서도 볼 수 없는 웅장하고 화려한 건물들이다. 50평의 널찍한 펜션에 짐을 풀었다. 방에 있는 2인용 침대는 내 차지가 되었다. 2박 3일의 가족나들이, 오랜만에 함께하는 가족들과의 시간에서 티 없이 즐거워 떠들어 대는 아이들의 소리가 집안 가득하다. 얽매였던 생활의 끈을 털어버리고 여행이란 자유로움만이 있을 뿐이다.

처음 와본 강원도 산골 심산유곡이지만 관광객들을 위한 시설이 어느 관광지 못지않게 성숙되고 세련되어 있다. 가장 어린 하린이는 자기가 좋아하는 언니인 은지만 따라 다니면서 알 수 없는 말로 재잘거린다.

호국원에 들러 예배하고 올 때에는 하헌이가 자기 아빠 차에서 할아버지 생각에 한참을 눈물바람이었다는 며느리의 말이다. 감성이 많은 어린 하헌이에게도 그리움이 잠식되어 있어서가 아니었을까.

다음 날 오전에는 곤돌라를 타고 산 두 곳의 정상을 오르내릴 수가 있었다. 곤돌라도 처음 타보는 것이다. 가족 단위로 타고서 수십 분 동안 주변 경관을 바라볼 수가 있었다. 주변 산들은 스키장으로 조성되어 있어 겨울이면 더욱 볼거리와 놀거리가 많을 듯싶다.

중간에 내려서 동물들에게 먹이 주는 놀이가 있어 아이들의 즐거움을 보태어 준다. 체험학습 휴가로 왔으니 해수욕장을 빠질 수가 없다. 숙소에서 가장 가까운 곳이 삼척해수욕장이란다. 정체 없이 두 시간이 넘게 달려 삼척해수욕장 모래사장에 텐트를 쳤다. 아직은 해수욕 절기가 아니라서 한산하지만 가족 단위의 여행객들이 심심치 않게 보인다.

세 아이들의 얼굴엔 환하게 즐거움의 꽃이 펴 있다. 아득히 보이는 하늘과 맞닿은 수평선과 흰색 포말을 품고 밀려오는 파도! 바다를 바라보고 있노라면 내 마음도 너그러워지는 듯싶다. 바다는 많은 생명을 잉태하여 품어주고, 낳아주고, 길러주면서 불평 없이 받아주는 윤회의 산실이기 때문이다.

아쉬워 떠나기 싫어하는 아이들을 설득하여 오후에 있을 분수쇼를 보기 위하여 숙소로 돌아왔다. 하이원 아래 자리잡고 있는 저수지에서 매일 몇십 분간 분수쇼가 있단다. 몇 분 늦게 도착하니 지상주차장에는 만차가 되어 차를 세울 곳이 없다.

저수지 한중간에서 치솟는 수십 미터의 분수와 오색찬란한 불빛과 은은히 들리는 경음악 소리! 분수가 치솟을 때마다 질러대는 환호의 탄성! 반세기는 젊어진 듯한 기분으로 아이들과 함께 쇼를 보고 있는 순간 내 바로 뒤에서 괵, 괵, 괵, 저음의 굵직한 소리가 들린다.

그 소리를 듣는 순간 어디에서 많이 들어보았던 익숙한 소리다. 소리 나는 쪽으로 고개를 돌리니 "엄마, 개구리 소리잖아." 딸의 말이다. 수십 년을 잊고 살아온 소리다. "그래, 이 소리는 왕개구리 소리야."

나는 분수쇼보다도 그 소리에 현혹되어 잘 조성되어 있는 풀밭 속으로 눈과 귀를 가까이했다. 밤이라서 볼 수는 없지만 괵, 괵, 괵 소리를 들으며 고향의 어린 소녀 시절로 돌아간 기분이다. 왕개구리의 우는 소리가 아니고 경음악에 맞추어 질러대는 솔로의 음악으로 들려온다. 태백 산중에 와서 듣는 고향의 정겨운 음악이요, 그리움 담긴 추억의 소리다.

분수쇼가 끝나면서 건너편 고산 중턱에 인위적으로 조립된 내형세트 건축물에 순간적으로 불이 켜지면서 말로는 표현할 수 없는 거대한 궁궐이 세워졌다.

순간의 탄성이 허공을 찌른다. 밤하늘 한가운데에는 반달이 내려다보고 있다. 분수쇼가 벌어졌던 물속에는 반달춤이 흔들어 대고 있다. 영겁 속에 머물고 있을 자연과 문명이 함께 어우러진 잠시 머물고 가는 태백의 밤이다.

괵, 괵, 괵 고향의 소리가 그리움으로 차오르는 밤이다.

(2014. 6)

기도의 응답

13년 전 손자(하헌)이가 태어나던 날이 머릿속에 반추되면서 미소를 품는다. 손녀 은지와는 6살 차이다. 중간에 유산이 되어 나이 차이가 많다.

며느리의 임신이란 말을 들으면서부터 남자아이를 원하는 기도가 있었다. 성별을 감별할 수 있을 때 딸이라는 의사의 성별 진단이 나왔다. 나의 기도는 변함없이 손자를 원하는 기도였다. 우리 세대는 남아 선호 사상이 강한 면도 있지만, 손녀 은지가 있기에 신앙인으로서 매일같이 이어지는 나만의 간절한 기도였다.

살던 집이 재건축되면서 새로운 아파트로 입주하였고, 하헌이가 태어나던 다음 날이 남편의 생일이었다. 생일 참석을 위하여 지방에서 올라오는 친척을 마중하기 위해 남편이 터

미널에 나간 사이 며느리의 출산을 지키고 있던 아들에게서 전화가 왔다.

"엄마! 아들 낳았어!" 아들의 목소리가 기운이 빠져 있다. 해산의 고통을 지켜보면서 측은지심에 의한 애잔함 때문이라는 생각이 들었다. "너 나 속이는 거지?" 하는 순간 "아니, 고추도 봤는걸."이란 말을 들으면서 기도의 응답이 믿어졌다.

의사의 입에서 나온 말은 "왜? 고추가 보이지 않았지?"라고 하였단다.

5월 1일은 나의 호적 생일이다. 내 생일과 같은 날에 태어난 것이다. 순간적으로 내 속에 있는 감사와 기쁨이 벅차올라, 눈에서는 기쁨의 눈물이 나오면서 두 손을 어깨 위로 흔들면서 춤을 추었다. 누구에게도 보여줄 수 없는 나만의 극한적인 표현이었다. 우리에게 기도는 명령이며 의무인 것이다.

'쉬지 말고 기도하라.' 하신 말씀은 우리의 신앙생활 속에 최고의 준

법인 것이다.

그날 그렇게 기쁨으로 태어난 아이가 초등학교 졸업식을 하는 날이다. 며느리도 직장 출근을 오후로 미루고 함께 졸업식장으로 향했다. 하헌이가 유치원생일 때 누나인 은지의 초등학교 졸업식에 따라가서 졸업가를 부르면서 자기의 유치원 친구들과의 헤어짐이 아쉬워 흐느껴 울던 모습이 새삼스레 귀여움으로 피어난다. 그때에는 유치원에서 부르는 졸업가와 초등학교에서 부르는 졸업가가 같았기 때문이다.

교장 선생님의 축사와 훈사에는 '꿈을 가지되 결코 포기하지 말라 최선을 다하여 꿈을 따라 노력하면 이루어진다.'는 격려사가 있었다. 그렇다, 희망을 갖고 포기하지 말고 최선을 다하는 사람은 성공이란 훈장을 소유할 수 있다고 하헌이에게도 말해 주고 싶다.

졸업장은 개별적으로 단상에 올라가서 받지만 우등상이란 명목은 아니고 특별 '봉사상'이란 명목으로 이름을 불러 세운다. 하헌이도 그중의 한 명이다. 봉사상 수십 명의 대표로 한 명의 여자아이가 단상에 올라 상장을 받는 순간 그 모습이 반세기도 훨씬 넘는 수십 년 전 나의 유, 소녀 시대의 모습으로 오버랩된다.

세월의 무게 앞에서는 추억들마저 사라져 희미하지만 때로는 상념의 조각들이 일렁이며 현재 속으로 녹아들고 있다. 80을 넘은 할멈이 손자의 초등학교 졸업식을 보면서, 마치 가버린 세월이 정지된 것 같은 착각 속에 빠져 있는 것처럼….

졸업가 헤어짐의 노래 「이젠 안녕」이란 졸업가를 듣는다.

시간은 우리를 다시 만나게 해 주겠지,
우리 그때까지 아쉽지만 기다려 봐요.
어느 차갑던 겨울날 작은 방에 모여 부르던 그 노랜 이젠,
기억 속에 묻혀진 작은 노래됐지만,
우리들 맘엔 영원히 안녕은 영원한 헤어짐은 아니겠지요.
다시 만나기 위한 약속일 거야.
함께 있던 시간은 이젠 추억으로 남기고
서로 가야 할 길 찾아서 떠나야 해요.
- 중략 -

한 편의 시의 낭송을 듣는 기분이다. 아이들의 모습이 더욱 의젓해 보이고 명랑해 보이고 미소를 잃지 않는다. 주위를 살펴본다. 넓은 강당은 사랑하는 자식의 일거수일투족을 놓칠세라 사진기를 들고 분주한 가족들로 아수라장이다.

다시 우리 세대의 옛날로, 반추해 본다. 「졸업가」는 '빛나는 졸업장을 타신 언니께 꽃다발을 한 아름 선사합니다.'로 시작되어 있다. 이곳 저곳에서는 흐느끼는 소리가 들린다. 진학을 할 수 없는 서러움과 친구들과의 이별의 서러움이 함축된 눈물이다. 가족들은 한 명도 없었다.

일제 강점기에서 해방을 맞으면서 1946년 윤석중 씨가 노랫말을 만들고 정순철 씨가 곡을 붙인 졸업식 노래가 수십 년을 이어졌다. 그 시절에는 1970년대까지 남자 동생이 형을 부를 때 친근성을 강조하기

위하여 '언니'라는 호칭을 사용했다.

남자 초등학생이 선배를 언니라고 지칭하기도 하였다. 그렇기에 졸업가에도 남녀 구분 없이 '언니'라는 호칭으로 되어 있다. 그랬던 것이 1990년대에 성에 대한 정체성이 불거지면서 초등학교 졸업식 노래가 완전히 달라진 것이다.

2019년이면 한산초등학생에서 덕이 중학생으로 변신한다. 하헌이의 생활 성적표를 열어본다. 거의 '매우 잘함'이고 몇 개만 '잘함'으로 되어 있다. 우리 세대 같으면 우등생이 분명하다. 하헌이가 사랑스럽고 자랑스럽다. 삶이란 자체가 결국은 관계 속에서 만들어 내는 이야기인 것이다.

(2019. 1)

대화 중 얻은 정보

전화벨이 울린다. 물 묻은 손으로 수화기를 들고 보니 바로 아래 여동생의 목소리다.

얼마 전 전화 통화를 하면서 대화 중에 약식 만드는 이야기가 있었다. 약식 만드는 순서를 설명해 주었더니 자기는 재래식의 전통적인 방법으로밖에 할 줄 모른다고 하면서 자세히 물었었다. 그런데 며칠 전에 내가 설명한 대로 약식을 만들었는데 약간 실패작이란다. 이유인즉 찹쌀을 불리지 않고 했기 때문이었다.

나는 설날과 추석 명절이면 며느리의 사돈댁과 딸의 사돈댁에 약식을 만들어 보내는 것이 습관처럼 되었다. 내가 가장 자신 있게 만들 수 있는 것이기도 하지만 가장 쉽게 만들 수 있는 것이기 때문이다. 만드는 순서도 복잡하지 않게 불린 찹쌀과 밤, 대추, 잣, 참기름, 흑설탕 약간의 간장만 준비해 두면 명절날 아이들이 떠날 시간을 맞추어 압력솥에 안치면 따뜻한 약식을 보낼 수 있어서 좋다.

모든 것이 처음부터 완벽이란 것은 없다. 수십 년 전 친구 집에 놀러 갔다가 친구가 만든 약식을 먹으면서 약식 만드는 법을 귀동냥으로 듣고 와서 만들어 보았었다.

때로는 압력솥 바닥에 설탕이 들러붙어 타서 애를 먹은 적도 있고 간이 맞지 않아서 실패한 적도 여러 번이었다. '실패는 성공의 어머니'라고 한 것과 같이 포기할 수 없음을 딛고 개발하면서, 보충하면서 연수가 지나고 보니 이젠 자신감 있는 장인이 되었다.

대화 중에 얻어지는 정보는 우리 생활 속에 무궁무진하다. 교회에는 각기 다른 서민층부터 고급 지식인에 이르기까지 각양각색의 다양한 사람들로 구성되어 있다.

작년 여름, 나와 같은 또래의 권사들이 모인 장소에서 발바닥 무좀에 관한 이야기가 나왔다. 나에게도 수년 전부터 무좀으로 고통을 받고 있는 시기라서 심각하게 들렸다. 이야기를 하는 권사는 의료계에서 평생을 보낸 사람이기도 하지만 자기가 직접 체험한 것을 설명하고 있기 때문에 더욱 신뢰감을 가질 수 있었다.

나도 당장 실천에 옮겨 보아야겠다는 각오로 집에 들어오면서 마트에 들러 가장 약한 성분의 식초 한 병과 약국에서 정로환(소화기약) 한 병을 사 가지고 와서 하루를 기다렸다.

정로환은 냄새가 너무 지독해서 다음 날 가족들이 모두 나간 시간에 행동에 옮겨야 했다. 용기에 식초를 발이 잠길 수 있는 분량을 따라 정로환 한 병을 모두 쏟아 분해시켜야 한다. 정로환 냄새로 온 집안이 가득하다. 그런 후에 발을 담그고 하루에 2시간씩 3일간 해야 한다. 무좀만 없앨 수 있다면 그보다 더한 것이라도 해야 했다.

아이들이 오기 전에 식초 용기를 비닐 팩에 씌워 베란다에 내어놓았지만 귀가하는 아이들이 이상한 표정을 짓는다.

손녀 은지는 정로환을 먹어 보았기 때문에 현관에 들어서면서 왜 정로환 냄새가 이렇게 많이 나느냐고 눈살을 찌푸린다. 손자 하헌이는 들어서기가 무섭게 "와! 이게 무슨 냄새냐."고 큰소리를 질러댄다. 늦게야 돌아오는 옥이도 미선이도 냄새가 너무 난다고 야단들이지만 자초지종 내 이야기를 듣고 난 후에는 모두 이해를 해주었다.

그러길 3일간 치료한 후에 그렇게 수년간 괴롭히던 무좀은 완치되었다. 발바닥까지 매끈해졌다. 무좀으로 고통받는 사람을 주변에서 많이 볼 수 있다. 병원에서 치료를 받을 수 있지만 대화 속에서 얻어지는 정보로 나의 건강을 지킬 수 있다면 이 또한 좋은 일이 아닌가 싶다.

요즘에도 무릎관절로 인하여 수개월째 치료를 받고 있는 중이다. 무릎관절이 오면서 이 세상에 자신할 수 있는 것은 단 한 가지도 없다는 생각이 들었다.

관절에 대해서는 친구들 중에서도, 형제들 중에서도 가장 건강을 자신해 왔기 때문이다. 그런데 어느 날 갑자기 걷는 중에 무릎이 시큰거린 것이 점점 가중되어 정형외과 병원을 찾았지만 점점 더욱 심해져서 걸음을 걸을 수조차 없는 지경에까지 이르렀다. 보다 못한 미선이가 자기 친정어머니 치료받은 병원에 가보는 것이 어떻겠느냐는 제안이 있어 욱이의 부축을 받으면서 그 병원에 다닌 지 한 달이 넘었다.

두 번 갈 때까지는 욱이의 도움을 받아서 갔지만, 그 다음부터는 나 혼자서 걸어 다닐 수가 있어 오늘에 이르렀다. 건강을 잃으면 모든 것을 다 잃는다는 말이 실감으로 다가왔다. 나 혼자서 치료받으러 다닐 수 있다는 것만으로도 얼마나 감사한 일인가!

병자랑은 많이 할수록 얻어지는 정보도 많기 때문에 병자랑은 할수록 좋다고 했나 보다. 현재 치료 받고 있는 의원 명함을 여러 개 가지고 있다. 내가 효과를 본 의원이기에 고통받는 관절 환자들에게 전해주고 싶기 때문이다. 좋은 정보라면 많이 전할수록 많은 사람에게 기쁨을 줄 수 있기 때문이다.

(2012. 5)

5

왜였을까?

우리 세대는 격변기 속에서 살아왔다.

초등학교 입학했을 때 내 이름은 '야스다 낑깡(일본이름)'으로 불렸다. 대답은 '하이(예)'라고 대답한다. 본명은 안금환인데….

전철 안의 모습들

경의선은 지하로 다니지 않기 때문에 지하철이라고 하는 것보다는 전철이라고 하고 싶다.

전철 문이 열리면서 발을 딛는 순간 경로우대석 앞자리에 건장하게 생긴 청년이 양반다리를 하고 앉아서 큼직한 플라스틱 컵을 들어 바닥에 두드린다. 술 취한 청년의 모습으로 착각했다.

다음 역에서도 역을 지날 때마다 같은 행동을 반복한다. 그러는 청년을 구걸하는 걸인으로 볼 사람은 아무도 없었다. 그저 의아한 눈으로 바라볼 뿐이다. 여러 개의 역을 지날 때마다 같은 행동을 보고서야 컵 안에 돈을 넣어 달라는 행동임을 알 수 있었다. 하지만 누구 한 사람도 그 두들기는 컵 안에 돈을 넣어 주는 사람은 없다. 술 취한 사람으로 취급해서일까? 그렇지 않으면 정신 이상자로 보이기 때문일까?

전철 내에서는 안내 방송이 수시로 나온다. 차 내에서 상거래는 절대 금지하고 있음으로 상인들의 물건을 팔아주지 말라고…. 젊은 아가씨의 맑은 음성이 수시로 들려온다. 상인들은 대개가 남성들이다. 건강에 필요한 물건들을 많이 선전한다.

어느 날인가 한 번은 중년을 넘긴 상인이 굵은 목소리로 상품선전을 하는 순간 내가 앉아 있는 건너편 좌석에 앉은 여인이 상인의 목소리보다도 더욱 큰 고함소리로 시끄럽다고 질러댄다. 사십대 중반쯤으로 보인다. 그 순간 차내의 모든 시선이 여자 쪽으로 쏠린다. 다행히 상인이 반항 없이 옆 칸으로 가주었다. 때로는 상인과 실랑이가 벌어질 때도 있기 때문에 나는 긴장이 된 상태에서 생각에 잠기게 된다.

상인에 향한 측은지심이 든다. 그 사람도 한 가정의 가장으로서 아이들의 아빠로 남편으로서의 사명과 책임감 때문에 금하고 있는 차내 판매행위를 하고 있을 텐데… 하는 얄팍한 동정심으로 마음이 아려왔다.

우리의 삶은 무엇인가? 결국은 사람과 사람의 관계 속에서 만들어지는 이야기가 아닌가! 그렇다고 소리 지른 여인을 미워할 수도 없다. 역시 불법행위를 탓한 것이기 때문이다. 묘한 생각을 담고 달리는 창밖 서쪽 하늘을 바라본다.

붉은 노을을 깔아 놓고 해밀이가 시작되는 아름다운 풍광이다. 자연만이 어떠한 환경과 생활 속에서도 위로해 주고 잡아준다.

자연은 실랑이도 없다. 네 탓, 내 탓 불평하지도 않는다. 자신들에

주어진 사명에 최선을 다할 뿐이다. 양반다리에 빈 컵 두드리던 청년을 생각하면서 '일하기 싫거든 먹지도 말라.'라는 성경 말씀이 떠올랐다. '게으른 자에겐 가난이 도적같이 찾아온다.'는 말도 있다. 그런 말들이 생각나면서 금지하고 있는 판매행위를 하던 중년을 훨씬 넘긴 남자를 떠올리면서 삶 속의 풍경화를 그려보게 된다.

전철 속의 모습은 그런 것뿐이 아니다. 헤어롤을 이마에 달고 핸드폰 케이스에 작은 거울을 보면서 열심히 화장을 하고 있는 젊은 여성들을 보게 된다. 그 여인에게 많은 사람들의 눈길이 머물게 된다. 같은 여성으로서 좀 민망스러운 감정이 들 때도 있다.

여자는 무인도에서도 화장을 한다는 전언을 어릴 적에도 들어보았다. 그 말은 여자들만이 가질 수 있는 본능을 의미하는 것이 아닐까? 집에서 예쁘게 칠하고 나왔건만 때로는 한 시간 이상 내내 거울 속에서 손을 떼지 못하고 있는 모습을 보면서 우리 세대의 모습을 떠올리게 된다.

현세대는 초등학교 3학년만 되면 입술연지를 바른단다. 중고등학교 여자아이들은 사회인과 조금도 다름없이 짙은 화장으로 무장한다. 우리 세대에서라면 정학이나 퇴학감일 것이다.

우리 고등학교 시절에는 머리 단속도 유별나게 했다. 1학년에서는 옆머리가 귀뿌리 가까이까지 잘라야 하기 때문에 조회시간에 운동장에 세워 놓고 가위로 잘라주는 난센스도 있었다. 2학년에서는 양갈래 머리를 해야 하고 3학년에서는 좀 자유로웠다. 머리 형태로 학년을 분별

하여 선배들에게는 인사를 해야 했다.

우리 세대와는 너무도 차별화된 손녀뻘 되는 아이들을 보면서 감회에 젖어든다.

며칠 전에는 곱게 화장을 한 아가씨들과 같은 역에서 하차하여 버스를 기다리는 동안 승하차장에서 몇 명의 재잘거리는 아가씨들에게 말을 걸어 보았다. 나는 여대생으로 착각하여 대학생인가? 고등학생인가? 물어보았다. 대답인즉 OO중학교 학생이란다. OO중학교는 우리 손자 하헌이가 다니는 학교다. 학생들이 너무 예뻐서 물어본 것이라면서 너스레를 떨어야 했다.

세월의 덮개 너머로 추억을 상기시키며 학생들의 행복한 웃음소리를 뒤에 두고 집으로 향한다. 붉은 노을 속 해넘이를 보면서 이런 것들이 우리가 살아가고 있는 모습들이다.

'화장을 몇 살에서부터 시작하느냐?'를 따지는 것이 이제는 의미가 없어졌단다. 어린이 화장품 매출이 연간 360% 성장하고 있는 현실이란다.

(2019. 11)

왜였을까?

며칠 전 중국 시진핑 주석의 방북이란 타이틀과 함께 평양 모란봉 구역의 조중우의탑을 참배하는 모습을 텔레비전에서 보았다. 세월은 쉬지 않고 달려 금년이 6·25는 69주년이란 현재에 데려다 놓았다.

6·25가 북침임을 강조하면서 중국 인민 지원군의 희생을 영원히 기억하겠다고 한다. 북 중 혈맹을 강조하는 모습이다. 기가 막힐 노릇이다. 침략도 모자라 역사 왜곡까지 늘어놓는 모습에 진실 속의 회피 반응을 보면서 할 말을 잊게 된다. 우리 세대는 격변기 속에서 살아왔다.

초등학교 입학했을 때 내 이름은 '야스다 낑깡(일본이름)'으로 불렸다. 대답은 '하이(예)'라고 대답한다. 본명은 안금환인데….

현세대 아이들이 초등학교 입학하기 전 한글을 완독해야 하는 것과 같이 나 또한 일본어 국어책을 완독할 수 있는 상태에서 입학하였다.

여름방학 무더위를 식히기 위하여 가족들과 원두막에 있을 때 초등학교 교사로 있던 언니가 산수골마을 고개를 빠른 걸음으로 달려와 해방이 되었다고 목청을 높여 소리친다. '해방' 어색한 어원이지만 어른들의 표정 속에 기쁨이 담겨 좋은 일인 것만은 분명하게 생각되었다.

나는 태극기를 그릴 줄도 몰랐다. 장롱 깊숙이에 감춘 태극기를 꺼내어 형제들과 태극기 그리기에 합류하였다. 다음 날 어머니를 따라 태극기를 들고 오일장이 서는 곳, 학교와 관공서들이 몰려 있는 장터로 나가보았다.

이곳저곳에 모여 있는 국민의 손에는 태극기가 들려 있고 "우리나라 만세" 소리가 메아리쳐 하늘을 찌를 듯하였다. 다시 개학이 되면서 일본인 교사들은 교장을 비롯하여 보이지 않았다. 새로운 선생님들이 왔고 Y선생님이 우리 1학년 2반 담임이 되었다.

36년 일본의 강점기로 하여금 국가와 국민의 삶이 피폐하여 교과서조차 없이 칠판에 가, 갸, 거, 겨를 써서 배워야 했고 교실이 부족하여 오전 오후반으로 나뉘어 야외 수업까지 해야 하는 실정이었다. 열악한 환경 속에 학용품 부족으로 제대로 된 노트 한 권 갖지 못한 친구들이 절대적이었다.

우리 학교(기지초등학교) 옆에 국사봉이라는 동산이 있었다. 동산 한 중간에는 몇십 년, 아니 몇백 년이 되었을지도 모를 큼직한 느티나무가 버티고 있었다. 야외 수업시간이면 느티나무 그늘에서 수업하는 시간이 가장 즐거웠다.

어느 정도 한글을 읽을 수 있을 즈음 칠판에 써 놓은 글을 읽을 시간에 약간 지능이 부족한 친구를 지적하였다. 망설이지 않고 일어선 친구의 입에서 "국사봉에 꽃이 피었습니다."라고 엉뚱한 글을 큰소리로 대답하는 순간, 반 전체의 웃음소리만이 있었다. 칠판에 쓰였던 것은 전혀 생각이 나질 않는다. 지금도 몇 명의 친구들을 만나면 그 시절의 모습을 상기하면서 백발의 할멈들의 얼굴에 순박한 미소를 가득 담는다.

토요일 오후 Y선생님이 나에게 일요일에 학교로 나오라는 부탁이 있었다. 선생님 말이라면 가장 무섭고 어렵게 받아들이는 시절이다. 비유로 '선생님 똥은 개도 먹지 않는다.'는 말까지 있었다. 현재와는 너무도 엄중한 표현의식이었다. 다음 날 일요일 학교 교실로 갔다. 산수와 국어책 두 권을 나에게 주면서 열심히하라고 하신다. 의외의 선물이다. 생각해 보면 '선생님들에게 배부된 교과서의 여유분이 아니었을까?' 하는 생각이 들었다.

어린 마음에도 친구들에게 선생님이 주었다고 밝힐 수가 없어 아버지 핑계를 대야 했다. '사실대로 말해도 될까?' 그래서였을까. 선생님을 실망시키지 않기 위하여 모범생임을 흉내 내야 했다. 친구들과 장난치는 것도, 말다툼하는 것도 없었다. 교실이나 복도에서 뛰어본 적도 없었다. 선생님들이 훈시하는 대로 발꿈치를 살짝 들고서 걸었다.

학년 말이었다. 매일 전교생이 운동장에 모여 조회를 하였고 애국가

제창과 국민체조와 교장 선생님의 훈사를 들어야 했다. 하루는 운동장에 전교생을 앉혀 놓고 학년별로 각 반의 우등생을 불러 세운다. 1학년의 이름이 가장 먼저 불리었다. 그중 내 이름도 있었다. 우등생 대표로 안금환 내 이름이 불리어 교장 선생님 단상 앞에 나가서 상장과 상품을 받았다. 상품은 네모 칸이 있는 고급 노트였다. 순간 그 상품이 모두 내 것인 줄 착각을 했다. 학교생활 중 처음이기 때문에 그 순간의 기쁨이 현세대 복권 당첨 같은 기쁨이 아니었을까.

담임 선생님이 교실로 들어왔고 상품을 가져오라 한다. 내가 가질 수 있는 것은 노트 한 권과 상장뿐이다. 하지만 학교생활의 첫 경험 속에서 부모님께 기쁨을 드릴 수 있고 선생님께도 보답을 드렸다는 자부심으로 자랑스러웠다.

4학년이 되면서 Y선생님이 다시 담임을 맡아주셨다. 4학년 1학기 초에 나는 뇌막염이란 중병으로 수 주 동안 결석을 했다. 의료체계가 열악한 시절 시골에서는 입원할 수도 없어 사선을 헤맸다. 다행히 친척 되는 분이 의사로 있어 먼 거리지만 자전거 통원치료로 완치되었다. 뇌막염 후유증으로 많은 날을 편두통으로 시달리기도 했다.

새 학년 새 학기가 시작되고 몇 주 후에 학교에 출석하였더니 여전히 나를 급장으로 세워 놓았다. 급장은 무기명 투표로 세운다. 급장이 되면 조회 때마다 앞에 서서 줄을 정리해야 하고 교실에서도 시간마다 선생님들이 오는 시간에 인사 구령을 해야 한다.

때로는 마을 단위로 가정 방문을 하는 시기에 선생님의 권유로 함께 따라다닌 적도 있다. 선생님이 학부모와 대화를 하며 대접을 받는 동안엔 우리는 밖에서 공기집기, 사방치기, 고무줄넘기, 땅 빼앗기 같은 놀이를 즐겨야 했다. 어린 시절이었지만 책임감이란 무거운 것이며 두렵다는 것을 알 수 있었다. 문제를 내어놓고 답을 맞힐 때면 자신이 없어도 손을 들어야 할 때도 많았다. 나를 인정해 주고 사랑해 주는 친구들과 선생님에게 실망을 주고 싶지 않았다.

인생이란 긴 터널을 걸어오면서 완벽이란 없다는 것을 체험하면서 살아왔다. 6학년 때 6·25가 터지면서 학교에도 많은 혼란이 왔다. 공산권에 있는 선생님은 다른 학교 교장이나 교감으로 승진하였고 담임도 많이 바뀌었다. 하루는 복도에서 Y선생님을 만났다. 벽 쪽으로 큼직하게 걸려 있는 김일성의 사진을 가리키면서 꼭 '돼지같이' 생겼다고 하는 순간 Y선생의 표정이 엄숙해지면서 "떽, 이놈!" 큰일이라도 날 것 같은 표정이다. 하지만 그 표정 속에는 부모님 같은 사랑의 훈시가 배어 있는 듯하였다.

결국엔 9월 28일 수복이 왔고 두 편으로 갈리어 적대시하면서 아프고 슬픈 상흔을 남기고, 동족상잔이란 비극을 안은 채 6학년 졸업식 날이 되었다. 하지만 Y선생님은 그 자리에 없었다. 십수 년의 학교생활 중 Y선생님만이 기억 속에서 지워지지 않는다. 6·25라는 풍랑 속으로 영영 숨어 버린 "Y선생님!…" 뇌막염이란 중병을 치료해 준 의사 선생님도 6·25 후로는 영 사라져버렸다.

그런데 의구심 하나가 있다. '왜였을까?' 나보다 성적이 좋은 남학생 몇 명이 있었다. 그런데 왜 나를 우등생 대표로 불러 세웠는지 궁금증이 평생을 내 속에서 떠나지 않는다. (2019. 6)

나의 작은 정원

새로운 해의 시작이다. 밖에 날씨는 영하권에 머물고 있는 엄동설한이다. 일기예보나 뉴스를 듣지 않으면 날씨나 기온의 흐름을 전혀 알 수 없는 것이 우리들의 현실 생활이다.

에너지 절약을 한다고 낮에는 난방을 꺼 놓고 잘 때만 외출이란 낮은 온도로 틀어 놓고 잔다. 지난밤에도 자다가 더워서 잠이 깨어 베란다 안쪽 창문을 반쯤 열어 놓고 잠을 청했다. 이렇게 삶의 패턴이 바뀌어 가고 있으니 생명을 가진 식물들까지도 사람을 따라 변화되어 가고 있는 듯하다.

며칠 전에는 거실 청소를 하다가 베란다 쪽으로 시선이 갔다. 다시 한번 눈을 크게 뜨고 확인을 했다.

수년 전 영산홍꽃 색깔이 예뻐서 사다 놓았던 화분이다.

작년, 재작년에도 꽃은 피지 않고 잎만 무성하여 뒤쪽에

밀어 놓고 물만 주었다. 그 영산홍에 체리핑크색 꽃 한 송이가 피어 활짝 웃고 있지 않은가!

베란다 문을 열고 나가 '네가 봉오리 진 것도 몰랐구나. 꽃을 피우지 않아서 너무 무심했구나.' 미안한 마음에 거실에서 잘 보이는 앞쪽으로 옮겨 놓았다. 사람도 자기에게 주어진 임무 완수를 못 하면 소외당하고 멸시받는 것과 같이 생명이 있는 것이라면 자기의 소임을 잘할수록 인정받고 사랑받는 것이 아닐까.

나는 아침마다 베란다의 나무들과 대화를 한다. 벽 쪽에는 러브체인이 걸려 있고 벤자민, 산세베리아, 크루톤, 개운죽을 비롯하여 20여 종이 넘는 정원수와 꽃이 있는 나만의 작은 정원이다.

중간에 버티고 서 있는 크리스마스트리에는 밤만 되면 반딧불 군락을 이룬 듯 반짝인다. 늦게 귀가하는 가족들의 밝힘이 역할을 해주고 있다. 손자와 손녀가 가장 좋아하는 작품이기도 하다.

2년 전 십수 일 동안 입원했다가 퇴원한 적이 있다. 집에 오자마자 베란다로 나가보았다. 나무들이 나를 반겨줄 줄 알았는데…. 모두가 고개를 푹 숙인 채 축 늘어져 있는 것이 아닌가. 순간 '내가 아플 때 너희들이 몹시 굶주렸구나.' 하는 애틋한 마음에 물을 주기 시작하였다. 몇 시간 후에 보니 모두 고개를 들고 싱싱한 모습이다.

현재 살고 있는 아파트는 20여 년간 살던 집을 재건축하여 입주한 지가 6년째 접어든다. 수십 년간 이웃하며 보아온 얼굴들이 같은 조합원으로 구성되어 같은 아파트에 살게 되었다. 처음 입주했을 때에는 고향에 온 기분이었다. 여러 세대가 거실 베란다를 튼다고 한다. 하나의 공동 심리에서 작용하는 듯하였다. 누구든지 자기의 주관과 소신이 뚜렷하지 않으면 흔들리기가 쉬운가 보다.

나는 어릴 때부터 화단 가꾸기를 좋아했기 때문에 절실하게 베란다가 필요로 했다. 영산홍 옆 산호수가 질투라도 하는 양 얼마 전부터 꽃대가 나오더니 선홍색 꽃 두 송이를 터트리고 있다.

자기들만의 특유의 모습과 색깔로 아름다움을 자랑한다. 계절을 잊고 피어난 꽃이기에 더욱 소중하고 아름답다. 이제 머지않아 철쭉꽃이 흐드러지게 피면 온 집안이 꽃향기로 가득해질 것이다.

남창에 달아 놓은 버티컬 사이사이로 스며드는 햇살이 오늘따라 더욱 따사롭다. 자기들의 소임을 다하며 묵묵히 자라고 있는 내 작은 정원의 생명들에게 축복하고 싶은 행복한 시간이다.

(2012. 1)

행복 담는 냄비

재건축으로 현재 아파트로 이사 온 지도 8년이 되었다. 순간에 지나지 않을 것 같은 날들 속에서 많은 변화가 있었음을 새삼 느낀다.

딸 유진이의 결혼과 남편과의 사별, 찰나의 삶 속에서 예측 불허한 것이 인생임을 어찌하랴. 7명의 가족이 5명으로 줄었다. 나에게 주어진 삶 속에 안주해야 한다. 우리들의 삶 속에는 항상 희비가 상존하고 있음을 실감한다.

오늘도 손수레를 끌고 된장국에 넣을 솎음배추와 바지락조개를 사기 위하여 재래시장을 다녀왔다.

우리집에는 길게 손잡이가 달린 작은 스텐 냄비가 있다. 오래된 것이라 뚜껑에 달린 꼭지 장식이 망가져서 비정상품이지만 사용하는 데는 불편함이 없다. 현재 사는 집으로 입주한 후로는 그 냄비는 경비실에 국이나 찌개를 나누어 주는 데 주로 사용된다. 긴 손잡이가 있어 손녀 은지에게 시킬 수도 있다.

경비원들이 주로 연세가 지긋한 분들이고 자리를 비울 수가 없어 경비실에서 직접 밥을 지어 식사를 한다. 그런 것을 알고부터는 나누어 주고 싶은 생각에 습관이 되었다. 성경에도 '주는 자가 복이 있다.'고 쓰여 있다. '말씀을 듣고 행하지 않는 믿음은 죽은 믿음'이라고 하였다.

옛날 역사상 최고의 부자로 꼽히는 인물 록펠러(1839~1937)에 관한 기사를 읽은 적이 있다. 자기의 이익을 위해서는 약한 자를 짓밟고 일어서는 파렴치한으로 미국인들이 가장 증오하는 인물 중 하나였다.

그의 인생이 바뀐 것은 불치병으로 1년 이상 살지 못한다는 진단을 받고 55세 때 최후의 검진을 받기 위하여 휠체어를 타고 병원으로 가는 길에 로비에 걸린 액자의 글에 '주는 자가 받는 자보다 더 복되다'라는 글귀를 보는 순간 엄청난 전율을 느꼈다.

마침 그때 입원 수속 카운터 앞에서 병든 소녀를 데리고 온 어머니가 입원비가 없어 울면서 애걸하는 소리를 들었다. 그는 비서에게 입원비를 대신 내주게 하고 이를 비밀에 부쳤다. 얼마 후 소녀는 기적처럼 회복되었다.

그는 후일 자서전에 '살면서 이렇게 행복한 삶이 있는지 몰랐다.'라고 썼다. 그 후 록펠러는 자선가로 변신하여 장수의 복을 누렸고 유명인으로 살았다.

우리 모두는 삶 속에서 받기도 하였고 나누어 주기도 한다. 그러면서 어떤 것이 더 즐겁고 보람된 행복인가를 느껴본다.

나는 은지가 집에 있는 시간에는 일부러 은지에게 냄비 심부름을 시킨다. 나누는 즐거움을 체득(體得)케 하기 위해서다. 나에게도 유년 시절 어머니의 베풂과 나눔을 수없이 보면서 은연중 어머니의 DNA가 내 속에 잠재되어 있는 것이 아닐까.

우리들의 유년 시절 왜정통치와 6·25의 전쟁, 수없는 변혁기와 격변기를 살아오면서 많은 사람들의 배고픔을 보아 왔다. 우리 사회 속에서 보릿고개란 단어가 사라진 것이 어느 시절이었던가 가물거린다.

우리 고향에는 5일장이 있었다. 장날이면 많은 사람이 오가는 중 낯익은 여인들이 드나든다. 우리집 큼직한 무쇠솥에는 장날 따라 여러 사발에 밥이 들어 있다. 때를 넘긴 배고픈 이들이 오면 먹이기 위해서다. 현재는 배고픈 사람에게 베푸는 동정심이 아니다. 나누고 싶은 '사랑'의 심리 현상이다.

좋은 일은 '오른손이 하는 것을 왼손이 모르게 하라'는 말이 있다. 숙제로 냄비에 대해서 써오라 하였기에 「행복을 담는 냄비」로 주제를 잡았다. 돈이 들지도 않으면서 즐겁고 행복하기 때문이다. 나누지 않으면 죄책감이 든다. 내가 수필을 쓸 수 있고 움직일 수 있는 한 지속 가능한 삶의 발자취이기를 바라면서….

오늘도 행복 담는 냄비에 가을 냄새 풍기는 된장국 한 대접 담아 가지고 나가야겠다.

(2013. 10)

4월의 함성

우리 세대는 많은 변혁기와 격변기 속에 살아왔다. 일본에 빼앗긴 나라를 찾기 위한 3·1운동, 8·15해방, 1960년 4·19혁명, 5·16군사정변에 의한 수없이 많은 격변기 속에서 오늘날 한강의 기적을 이룬 '대한민국'이다. 구국을 위한 열혈의 희생은 끊임없이 목숨을 아끼지 않고 역사를 이끌어 왔다.

내 나이 20대 초반 자유당 시절이다. 졸업 후 집에서 책 읽고 신문 보는 것이 나의 유일한 일상생활이었다. 선거철이 다가오면서 아버지와 많은 토론을 하였다. 아버지는 철저한 보수파 자유당이다. 고향 국회의원 두 분이 모두 아버지와 친분 있는 친구 분들인 것도 원인이었다.

그 당시 시골에도 '부인회 조직'이 있었다. 부인회는 주로 선거철에 선거운동을 하기 위한 조직에 불과했다. 그런데 면당 부인회장이 연령 관계로 탈퇴하면서 우리 어머니와는 아무런 상의도 없이 회장으로 지명해 버렸다. 그 이전에 명의만 부회장직을 갖고 있던 것이 사단인 것이다.

그 당시 여자들의 지식인이란 농촌에서 찾아보기가 어려웠다. 17살의 어린 나이로 결혼하여 시골에 묻혀 살았지만 여학교 물을 먹었던 어머니가 면당 부인회장으로 차출되면서 자유당 선거운동에 나서야만 했다.

버선에 고무신을 신고 한두 명의 동행인들과 수십 리 길을 호별 방문으로 걸어야 한다는 것은 고문에 가까운 고행이었다. 야당 대통령 후보로 나왔던 조병옥 씨가 갑자기 서거하면서 이승만 씨가 단독 대통령 후보가 되었고, 부통령에 야당에 장면 씨와 자유당에 이기붕 씨가 출마하면서 이기붕 씨를 당선시키기 위한 공작이었다.

한 번은 아버지와 어머니 앞에서 나의 불만을 털어놓고 격한 토론을 했다. 아버지 입에서 '빨갱이 같은 년'이란 말이 튀어나왔다. 년이란 말을 들은 것은 처음이다. 유년기에 6·25를 체험한 나로서는 빨갱이란 말이 가장 치욕이었다. 그로 인해 하루의 단식투쟁을 벌인 적이 있다.

그렇지만 아무런 대책 없이 3.15 투표 날짜는 다가왔고 자유당 계획대로 이승만 대통령과 이기붕 부통령이 탄생했다. 각 지방에서 부정선거에 대한 거부감이 발생하여 이곳저곳에서 학생들의 데모가 끊이지 않았다.

시위대 중 한 명이 실종되었다가 마산 앞 바다에서 눈에 최루탄이

박힌 채 떠오른 김주열의 시신 건이 보도되면서 도화선이 되어 학생들을 중심으로 사회 전 계층으로 시위가 확산되었다. 비상계엄령까지 선포되었다. 많은 희생자와 부상자가 발생했으며 4월 26일 이승만 대통령의 하야와 이기붕 씨의 일가족 4명의 동반 자살로 소용돌이쳤던 소요 사태는 줄어들기 시작했다.

주된 원인은 이기붕 일가의 권력욕이었다. '욕심이 죄를 낳고 죄가 장성한즉 사망을 낳는다.'는 성경 말씀 그대로 현실이 된 것이다. 이승만 대통령은 대한민국의 건국자이며 애국자임을 누구도 부인할 수 없다. 나는 4·19를 서울에서 보냈다. 언니집에 다니러 갔다가 4·19를 맞이한 것이다.

그 당시 전차가 교통수단이었는데 데모 대원들로 인하여 운행이 중단되었다. 골목마다 경찰이 대치하고 트럭을 탄 학생들의 구호가 하늘을 찌른다. 일부 시민들은 길가에서 박수를 보내고 있다. 나 역시 시민들 틈에 끼어 박수로 응원했다.

경찰들의 총부리조차 두렵지 않았다. 부정과 부패를 묵살하기보다는 구국정신으로 행동하는 학생들이 자랑스러웠다. 그 당시 장면 부통령은 4·19를 3·1운동에 버금가는 금자탑이라고까지 하였다. 민주 수호자들이며 민족의 꽃들이라고 하였다.

고향집으로 내려갔다. 4·19에 대하여 아버지와 어머니는 아무런 반응이 없으셨다. 무식한 분들이 아니기에 많은 반성이 있으셨으리란 생각이 들었다.

얼마 후에 남자 중고등학교에서 4·19에 대한 웅변대회가 있다고 웅변원고 부탁이 왔다. 조카뻘 되는 아이 재영이었다. 그 아이는 초등학교 때부터 웅변하기를 좋아해서 원고를 써준 적이 있었다. 항상 상위 등수에 들면서 웅변에 특별한 소질이 있었다.

지방 학생들은 4·19를 말로만 듣고 체험적인 것이 아니었지만 나는 직접 체험을 하였고, 나의 신념과 정의사상 공존 일치에서 애국, 애족과 구국정신을 중점으로 원고를 써 주었다.

재영이는 중1 신입생이었다. 중고등부 19명의 연사 중에서 제일 어린 재영이가 1등을 했다는 연락이 왔다. 재영이 못지않게 나도 자랑스러웠다.

소용돌이 속에 부정부패를 부르짖던 1960년 4월의 함성도 역사 속으로 감추었지만 4월만 되면 그때의 그 구국의 함성이 화사하게 피어난 꽃과 함께 피어오른다.

(2014. 4)

책임감과 희생정신

"어머니, 안녕하세요?"

작업복 차림으로 환한 웃음을 뿌리며 들어오는 아들 친구 범식이다. 거실 소파를 바꿔야 하는 날이라 도움을 받기 위하여 친구를 부른 것이다. 범식이는 40대 중반의 노총각이다. 부모는 지방에 있고 혼자서 서울에서 자취 생활을 하고 있다.

그날은 세월호 참사가 있던 며칠 전이었다. 2014년 4월 16일 세월호 참사라는 기가 막힌 사고가 보도되면서 나라 전체가 비통함에 빠져들었다. 304명의 생명이 수장되어 죽음으로 앗아 갔다. 그중 인생의 꽃봉오리 260명, 단원고생들의 죽음은 온 국민들의 가슴속에 애잔함의 응어리로 남아 지우지 못하고 있었다.

당시엔 TV를 켤 수가 없었다. 얼마나 많은 눈물을 흘렸는지… 세월호 사건은 개인의 끝없는 욕심과 무책임과 불신 속에서 일어난 사건임을 부인할 수가 없다. 많은 국민들이 실의에 빠졌고 직장인들까지도 퇴근 후에는 술로 위로를 받기 위하여 회식 후 음주가 많았던 모양이다.

하루는 아들 욱이가 새벽에 들어왔길래. "왜 이렇게 늦었냐?"고 물었더니 범식이가 뇌진탕으로 입원해 있기에 병원에서 오는 길이란다. 야근 회식 후 술에 취한 채 계단에서 넘어지면서 머리를 다쳤다고 했다. 범식이에게도 가정이 있고 자식이 있었다면 책임감 때문에 일찍 가정으로 돌아갔을 것이다. 그런 일이 있은 후 결국 의식을 회복하지 못하고 떠나고 말았다.

얼마 전에 있었던 의정부 아파트 화재사건이 보도되면서 22살의 고아 출신 여인이 4살 된 아들을 끌어안고 아들을 살리기 위해 애쓰다 끝내 죽음으로 승화하였고, 4살배기 아들은 엄마의 죽음도 모르는 채 장례식장을 뛰어다닌다는 신문기사를 보면서 가슴 미어지는 슬픔을 달래야 했다.

엄마의 책임감과 희생정신으로 살아남은 '아이.' 그 기사가 실린 다음 아이를 위한 후원금으로 수천만 원이 모금되었다는 기사를 읽었다. 부디 귀중한 아이로 자라기를 기원하는 마음 간절하다.

성경 말씀 중에는 '한 알의 밀알이 땅에 떨어져 죽지 아니하면 한 알 그대로 있고, 죽으면 많은 열매를 맺느니라.'라는 구절이 있다. 이 말씀은 희생정신과 책임감을 의미한다.

어느 날 교회에서 이 말씀으로 「죽음은 삶이 만든 최고의 발명품」이라는 주제의 설교가 있었다. 모든 씨앗은 자기의 생명을 죽음으로 많은 열매를 맺고 그것을 지속 가능으로 이어가고 있는 것이다. 설교 중에 결혼식장에서 있었던 이야기를 해주었다.

결혼식장에서 신랑 신부의 입장이 끝나고 주례자의 주례사가 시작되려는 순간, 갑자기 신랑이 밖으로 급히 뛰어나갔다고 한다. 의아해하는 모든 하객들은 볼일이 급하여 화장실에 갔나 보다 생각했지만, 5분이 지나고 10분이 지나도 돌아오지 않자 술렁이기 시작했다. 그렇지만 지켜볼 수밖에 없는 모든 하객들은 한 시간이 다 되어 급하게 뛰어 들어오는 신랑을 보고 놀라지 않을 수가 없었다.

결혼식 예복은 엉망이 되었고 신랑의 단정한 모습 또한 흐트러져 있는 것을 보면서 하나같이 놀란 표정이었다. 하지만 신부는 신랑의 정체를 너무 잘 알고 있었으므로 조금도 동요하지 않고 침착한 모습이었다. 신랑의 입에서 나온 말은 직업이 소방대원이란다. 밖에서 소방 사이렌 소리가 들리는 순간 직업의식과 책임감이 발동하여 뛰어나갔으며 화재 현장에 가서 어린아이 한 생명을 구했다고 말했다. 모든 하객들은 어느 결혼식보다도 보람된 결혼식이라면서 환호성과 박수갈채가 터졌다고 한다. 이것은 실화였다.

가장 중요한 순간에도 자기의 소명과 희생정신을 잃지 않고 책임감을 다하는 사람이 많은 우리 사회이기를 바라는 마음 간절하다.

단원고 학생들을 살리기 위하여 희생양이 된 단원고 여선생님과 세월호의 젊은 여승무원, 그들은 영웅으로 대접받고 있다. 그들의 희생적인 책임감 또한 빛으로 길이 기억될 것이다.

책임져야 할 가정과 가족이 없어 죽음으로 끌려간 것 같은 범식이의 웃음 뿌리며 들어서던 환영이 생생하게 아픔으로 아려온다.

(2015. 4)

가을,
광한루에 걸린 보름달

'사당역 1번 출구' 내 머릿속에는 그것만이 저장되어 있다.

지난밤에도 잠을 설쳤다. 약간의 비가 온다는 일기예보다. 안주하고 있던 공간 속에서 알 수 없는 장소로 이동한다는 여행이란 용어가 마음을 흔들어 놓기 때문이다. 새벽잠에서 깨어 베란다 창문을 열어보니 보슬비로 땅이 젖어 있다. 습관적으로 좋은 날씨를 바라는 기도가 빠질 수 없다.

여행 가방을 챙겨 들고 아파트 문을 나서니 비는 내리지 않는다. 2014년 11월 6일~7일은 한국수필가협회 가을 문학기행의 날이다.

아침 출근 시간에 지하철을 이용하는 것도 나에게는 체험에 속한다. 만원으로 움직일 수조차 힘든 지하철 내부, 타지 못하고 다음 열차의 줄을 서서 기다리는 사람들.

살아간다는 것, 살고 있다는 것은 역경이요, 고통이 상존하고 있음을 일깨워 주는 아침 시간이다.

한 시간여 사람들 틈에 끼어서 움직일 수조차 없으니 성치 못한 다리가 불편함을 호소하지만 이런 것 또한 여행자들의 체험 속에 담아두어야 한다.

헤일 수조차 없는 사람들의 얼굴이 눈에 들어온다. 헤죽헤죽 웃고 있는 젊은이들의 표정을 보면 영락없이 그들의 손에는 '스마트폰'이 들려 있다. 재미가 넘치는 게임에 심취된 표정들이다. 저들의 앞길에는 찡그리는 일 없이 그대로 미소 지을 수 있는 행복만이 있었으면 하는 바람이다.

사당역에 도착하여 관광버스 2호차에 오르고 보니 낯익은 얼굴들이 반겨준다. 차가 달리는 동안 차창 밖 풍경은 온통 계절의 채색옷으로 갈아입은 나무들이 손을 흔들어 우리를 배웅하며 맞아 주는 듯하다.

문학기행으로 남원시를 가보는 것도 처음이다. 남원 하면 제일 먼저 떠오르는 것이 춘향이다. 광한루와 오작교가 생각난다. 광한루에서 그네를 타는 춘향이를 그려보게 된다.

『춘향전』은 작가 미상이며 연대 미상이다. 보물 제281호로 지정된 광한루는 조선시대의 재상 황희(黃喜)가 남원에 유배 가서 1418년에 현재보다 규모가 작은 누를 지어 '광통루'라 했다. 1434년 남원 부사 민여공이 증축했고, 1444년(세종26)에 전라 관찰사 정인지에 의해서 '광한루'라 불리게 되었다. 광한루란 말은 달 속에 선녀가 사는 월궁의 이름인 광한전의 '광한청허루'에서 따온 것이다.

오후 7시경 대형 관광버스 3대에서 내린 우리 일행은 삼삼오오 짝을 지어 큼직한 문을 들어서면서 인공 정원과 여러 개의 연못과 여러 채의 누각으로 된 내부로 들어갔다. 밤이라서 끝을 볼 수 없는 넓은 터전이 놀라웠다. 이곳저곳에는 해묵은 고목들이 연륜을 뽐내기라도 하는 듯 웅장한 모습으로 가을옷을 입은 채 우리를 맞아준다.

어두움에 글자는 보이지 않지만 '오작교'라고 생각되는 다리를 건너면서 동행인 노총각 D군의 농담 섞인 사담에 웃음소리가 깔렸다. 오작교를 세 번 건너면 결혼이 성사된다는 설화가 있단다. 그의 농담 섞인 말 속에는 진실의 소원이 담겨 있겠다는 짠한 마음에 간절한 나만의 기도의 순간이기도 하였다.

『춘향전』은 구전 설화를 근원으로 흘러 다니다가 문자로 정착되었고 이후에도 끊임없이 유동되면서 새로운 모습으로 변모해 왔다. 이러한 과정 속에서 새로운 요소들이 쌓이고 덧붙여져서 내용을 더욱 풍부하게 하고 흥미를 돋우기 위하여 여러 가지 요소들을 작품 안에 삽입시켰다.

첫째는 남녀 간의 애틋한 사랑과 죽음까지도 두려움 없는 여인의 정절. 변 사또와 같은 부정한 관리의 부도덕은 관리에 대한 저항 의식을 부각시키고 있다.

광한루 누각 위에 걸린 보름달을 보는 순간 모두 입에서 탄성이 터진다. 대자연만이 주는 아름다움의 극치다.

음력 윤 9월의 보름달이다. 보름달도 외로워서인가….

연못물 속에 자기의 모습을 띄워 놓고 물고기 비늘 같은 물보라를 비추어 춤추고 있는 모습을 내려다보고 있다.

열녀 춘향이와 함께하는 '광한루' 만추의 밤 풍경이다.

(2015. 6)

물같이 살고 싶은 마음

세미원(洗美苑)을 가는 날이다. 5월이 되면서 공동체가 있는 곳에는 바깥나들이가 유행처럼 한창이다. 오늘도 교회에서는 은퇴 권사들과 강화도 휴양림에 가기로 되어 있고 평생교육원에서는 양평 쪽에 있는 세미원으로 가기로 하였다.

어디로 갈까 망설였다. 도시락을 싸 가지고 간다는 것이 부담스러워 강화도 쪽으로 가야겠다고 생각을 하고 있었지만 회비를 안내고 망설이는 동안 관광버스 2대의 인원이 모두 차버렸단다.

아침 이른 시간에 나가게 되어 김밥집 문은 열리지 않는 시간이고, 이 사람 저 사람 지인들에게 무엇을 싸 가지고 가야 하느냐고 물었다.

도시락 싸 들고 나가본 기억이 까마득하기 때문이다. 오전

11시까지 양수역에서 만나기로 하였다. 양수역 또한 생소하다. 살아온 숫자는 많지만 사는데 바빠서 세상과의 체험적인 숫자가 부족하다.

시간이 얼마나 걸리는지도 몰라 3시간 남겨놓고 출발했다. 양수역에 도착하니 오전 10시도 채 안 되었다. 혼자서 대기실에서 앉아 있으려니 불안하다. 혹시 잘못된 것이 아닌가 하고 회장 T선생께 전화로 확인해 보았다.

도착하여 아래층에 계신단다. 휴~ 안도의 한숨이다. 우선 먼저 도착한 몇 명이서 세미원으로 향하는 700m의 뚝방길로 나섰다.

물향과 초향, 목향의 싱그러움이 후각을 자극하면서 양편으로 광활하게 펼쳐진 연못과 갈대밭을 따라 걸으면서 다시 한번 자연의 매력에 아름다움을 예찬하지 않을 수 없다. 초록빛 갈대 잎과 묵은 갈대꽃의 갈색의 길게 뻗은 줄기가 어우러진 모습 또한 장관이다. 넓은 연못엔 연꽃 필 시기가 아니라서 연잎들만 물 위에 떠있다.

물과 꽃의 정원 세미원(洗美苑)의 어원은 '물을 보면서 마음을 씻고(觀水洗心), 꽃을 보면서 마음을 아름답게 하라.(觀花美心)'라는 옛 성현의 말씀에 그 뜻을 담았다고 한다.

국사원에 들어서면서 인위적으로 만들어진 시냇물 한중간에 잘생긴 널찍한 디딤돌을 깔아 놓아 흐르는 냇물 따라 디딤돌을 밟고 뛰면서 거닐었다. 물은 졸졸졸… 작은 소리로 노래하면서 디딤돌이 걸리면 휘돌아 아무런 불평 없이 흐르는 모습이 행복해 보인다. 함께한 20여 명 동인들의 모습도 물을 닮아 행복해 보인다.

물은 낮은 곳을 향해 흐르면서 위를 바라보지 않는다. 장애물이 있으면 뛰어넘거나 빗겨 가면서 동고동락 평화롭기만 하다. 물은 베풀면서 바라지 않는 겸손함이다. 물은 온갖 더러움을 세정해 주고 있다. 이곳 세미원을 보면서 오늘따라 물을 닮아 살고 싶은 마음은 왜일까?

물은 수소 2개와 산소 1개로 이루어져 화학 공식으로는 H_2O라 되어 있다. 우리들의 육체도 70%는 물로 채워져 있고 우리가 살고 있는 지구 또한 70%가 바닷물로 채워져 있다.

모든 생명을 품어주고 키워 주면서도 자랑하지 않고 주기만 하고 받을 줄은 모르기에 동양의 철학자 노자는 「도덕경」에서 '최상의 선은 물과 같다.'고 하였다. '낮고자 하는 자는 높아지고 높고자 하는 자는 낮아진다'는 성경 말씀도 있다. 겸손하라는 뜻이다.

평생교육원 동인들과의 어울리는 하루 속에서 만남이란 인연이 얼마나 중요한가를 느낀다. 글쓰기 지각생으로 입문하여 오늘도 많은 것을 배운다. 동인들의 식물에 대한 박식함을 보면서 글을 쓴다고 뛰어든 자신이 부끄러웠다.

마가렛꽃, 초설나무 뚝길의 풀 한 포기에도 이름을 외우고 있는 모습에서 나도 흐르는 물과 같이 낮은 곳을 향해 따라가노라면 내가 안주할 수 있는 곳이 있으리라 생각해 본다.

연수 주교를 건너면서 빨래판 모양과 맷돌 모양의 돌판이 나열되어 깔린 길을 걸어 석창원 식물원으로 갔다. 여러 가지의 꽃들과 나무들로 채워진 한쪽에는 금강산의 축소판 모형이 장식되어 있었다. 내나라 우리의 땅이지만 가볼 수 없는 금강산의 축소판 모형을 바라보는 마음이 분단의 국토에 살고 있다는 짠한 마음으로 다가온다.

장독대 분수 또한 특이했다. 연꽃의 생명을 품은 연못가에는 꽃창포가 군락을 지고 있다. 연꽃이 만개할 때 사랑하는 사람들과 다시 와보고 싶은 마음 담고 무수한 꽃들 속에 특이하게 눈에 띄는 양귀비꽃이 활짝 웃고 있는 세미원 뜰을 거닌다.

신과 자연과 인간이 하나로 된 자연철학의 걸작품이다. 문인이란 인연으로 만남의 동인들과 함께 동행한 물을 닮고 싶은 하루였다.

(2013. 5)

마지막 쉼터

지난해 8월 11일은 이사한 이 집의 역사가 시작되는 날이다. 108년 만의 8월 무더위라고 한다. 이삿짐센터가 없다면 어찌했을까? 손 하나 움직이지 않고 이삿짐은 새로운 집에 모두 정돈되었다.

복층 빌라 주택이다. 아들과 며느리의 주관으로 인터넷을 사용하여 찾아낸 전원 속에 새로 세워진 빌라 단지다. 4층으로 되어 있지만 엘리베이터가 있어 다행이다. 손녀, 손자가 다니는 고등학교와 초등학교가 큰길 건너 5분 거리 내에 있다.

서울에서만 수십 년을 살았기에 얼마 동안은 낯설고 서먹하여 애를 먹었다. 하지만 삶이란 용어 속에는 적응이란 말도 있기에 차츰 익숙해져 가는 내 모습을 본다.

이곳은 도시와 농촌이 공존하는 전원주택의 닮은꼴이다.

현대인들은 도심의 복잡한 생활에 싫증을 느껴 전원생활을 동경하는 이들이 있다는 보도를 가끔 듣는다.

우리집 부엌 작은 창문 밖에는 축대를 경계로 오랜 세월의 흔적으로 허술한 슬레이트 지붕의 농가 몇 채가 내려다보인다. 그 집들의 마당에는 감나무, 백목련나무, 단풍나무 몇 개의 큼직한 화분들이 내 눈을 유혹한다. 외로움을 원하는 사람은 없다. 가족이 모두 나간 후에는 정들지 못한 서먹한 생활 속으로 고독이 밀려온다. 그럴 때마다 외로움을 달래기 위하여 부엌 쪽 창문 밖을 보면서 자연과 대화를 한다. 지난가을에는 감나무에 주렁주렁 달려 있던 주홍색 감들이 눈을 즐겨주었다.

겨울이 되면서 목련나무와 감나무 가지에 참새 떼가 몰려와 그들 나름대로 노래 부르고 떠나면 까치 한 쌍이 날아와 나목의 가지에 앉는다. 자연은 영원 속에 머물면서 4계절을 어김없이 보내주어 외로움을 달래준다. 봄이 깊어지면서 백목련도 많은 꽃을 달고 살랑바람에 춤이라도 추는 양 흔들어 댄다. 겨울 동안 벌거벗었던 백목련 나무에는 자연의 봄이란 계절 속에 준비했던 신부의 드레스와 같은 흰색 옷을 입혀 놓았다. 만개하지 않은 목련화는 며칠이 걸릴지 모르지만 낙화되기까지 나를 유혹할 것이다.

눈이 즐거우면 마음도 즐거워진다. 며칠 전 식목일에는 가뭄으로 말라 있던 땅에 비가 내려 농민들이 바쁜 모양이다. 농가 뒷길 언덕 평지에는 널찍한 밭이 보인다. 아침부터 두 여인이 밭일로 바삐 움직인다. 여인들의 일하는 모습 속에 어린 시절 고향의 모습을 보는 것 같아 정겹다. 무엇을 심고 가꾸는지 궁금하여 창문으로 보고만 있을 수가 없다. 밖으로 나가 오솔길을 휘돌아 여인들이 일하고 있는 밭으로 올라갔다. 늙으면 수줍음이 없어진다. 부끄러움도 없다.

"안녕하세요. 일하기 힘들지 않으세요?" 천연스레 아는 사람인 양 먼저 말을 걸었다. 두 여인은 모녀 사이인 듯싶다. 이번에 내린 비가 밭농사에는 단비가 됐단다. 농작물을 심는 곳은 전체적으로 검정색 비닐이 깔려 있다. 어릴 적 고향에서는 볼 수 없던 현상이다. 궁금하여 왜 비닐을 깔아 놓은 것이냐고 물어보았다. 대답인즉 비닐을 깔지 않으면 잡풀을 감당할 수가 없기 때문이란다. 농작물들은 비닐에 구멍을 뚫고 심는다.

문명시대로 도약하면서 농사짓는 법도, 농기구도, 농작물까지도 개량되었음을 실감한다. 옛날에 쟁기로 밭 갈던 소는 다 어디로 갔는지 현재는 여인들까지도 기계로 밭을 갈고 있는 모습이다. 수고하시라는 말을 남기고 단지를 둘러싼 담장 뒷길을 산책해 본다.

나지막한 산 밑으로 좁게 깔린 흙길을 걸으면서 옛 고향으로 회귀한 기분이었다. 운동에는 연습이 있지만 인생은 연습이 없다는 말도 있다. 긴 여정 속에 이곳에 이사하여 산다는 것은 상상 밖이었다. 자식들의 인생을 따라가야 하는 것이 나, 자신임을 절감한다.

이 집은 4층이 복층으로 되어 있어 아들과 며느리는 친구들과 친척이 모이는 날에는 가끔 테라스에서 삼겹살 파티를 즐긴다. 손녀와 손자도 서울에서 다니던 학교보다 이곳이 더 좋다면서 친구들도 심심치 않게 데려온다. 아래층 거실은 나만의 작업실이다. 이곳 일산은 가로수가 모두 벚나무다. 뉴스에서는 여의도의 벚꽃축제가 한창이라고 떠든다. 꽃은 남쪽으로부터 하루에 30㎞씩 북녘으로 이동한다고 한다. 가로수에 꽃이 만개하면 가는 곳마다 축제가 될 것이다.

아파트 베란다에서 10년이 넘게 길러온 철쭉 화분과 벤자민 화분이 너무 커서 테라스에 올려다 놓고 몇 개의 화분만 거실에 들여놓았다. 모두가 10년을 훌쩍 넘긴 친구 같은 화분들이다. 테라스에 놓아둔 벤자민과 철쭉이 겨울 동안 얼어 죽지 않고 살아 있기를 비는 마음으로 철쭉 화분 앞에 선다. 누렇게 말라버린 이파리 사이로 작은 꽃봉오리가 눈에 띈다. 활엽수이지만 베란다에서는 이파리 한번 물들지 않았던 큼직한 벤자민은 완전히 죽어버렸다. 철쭉 봉오리를 만져본다. 모든 꽃 축제가 끝나도 너만의 밝고 예쁜 모습을 보고 싶구나.

사방을 둘러본다. 아이들 학교 둘레를 비롯하여 수십 층짜리 아파트가 병풍처럼 둘러쳐져 있다. 도시와 전원이 어우러져 자연적인 풍광이다. 긴 여행길 속에 마지막 머물 수 있는 즐거운 쉼터이길 바란다.

(2017. 4)

나만의 작업실에서

찌익~ 찌익~ 찌꼬의 고성이 있은 후에는 어김없이 가족 중의 누군가가 현관문을 열고 들어선다. 찌꼬는 '사자나미' 앵무새 한 쌍의 줄임말이다. 새장에는 '찌롱 and 꼬낭'이라는 이름의 팻말이 걸려 있다. 진 쪽빛과 진 연두색을 지닌 한쌍이다. 엘리베이터가 올라오는 것까지도 감지할 수 있는 듯 감수성이 예민하다.

손주들이 좋아해서 수년째 길러오고 있다. 베란다가 없고 여 나무 개의 큼직한 화분들과 함께 거실에 놓여 있어 작은 정원 같다. 소파 앞에는 바퀴 달린 길찍한 책상이 놓여 있고 창문 쪽으로는 바퀴 달린 책꽂이가 놓여 있다.

비어 있는 거실의 공간과 푸른 잎으로 채워진 십여 개의 큼직한 화분들과 앵무새 종류의 새장이 있는 곳이 나만의 작업실이다.

새들이 좋아하는 먹이는 해바라기씨, 사과, 말린 날국수를 가장 좋아한다. 아침에 거실로 나오면 먹이 줄 것을 알고 지지굴거린다. 온종일 서로 의지하며 입을 맞대고 털을 골라주면서 정겹게 지낸다. 때로는 날개를 펄럭이면서 소리를 지르고 서로 쪼아대며 싸움질을 하기도 한다. 그런 모습을 보면서 모든 생명체들은 사랑이 있으면 분노도 있다는 것을 일깨워 주는 듯싶다.

거실 창을 덮고 있는 커튼을 열어 밖에 날씨부터 살피는 것은 습관적인 버릇이 되어 버렸다. 하늘이 맑게 시야에 꽂히면 마음도 맑아진다. 그러나 맑고 청명한 하늘을 보기가 어렵다. 미세먼지와 황사현상으로 뉴스매체마다 비상이다. 이런 현상을 보면서 우리들의 어린 시절을 상기해 본다.

그 시절에는 아침에 안개 낀 회색빛 하늘만이 있을 뿐이었다. 안개 낀 날 안개가 걷히고 나면 더욱 청명한 하늘과 햇살이 반겨주었다.

현재는 문명시대로 도래하면서 몽골사막에서 날아오는 황사와 중국에서 날아오는 미세먼지, 국내의 산업화로 인한 공해가 공존하고 있다. 우리의 삶 속에 예측 불허성이 언제 어디에서 어떤 모습으로 재앙처럼 닥쳐올지 누구도 모르고 살아가는 현실 속에 직면해 있다.

황사는 다양한 유해물질을 품고 있어 인체에 치명적인 영향을 줄 수 있다 한다. 계절이 바뀌면서 단체들이 있는 곳에는 봄이란 계절을 즐기기 위하여 야외 나들이가 한창이다.

여의도에서는 벚꽃축제로 들떠 있지만 황사와 미세먼지로 하여금 지나간 해들보다 인기가 반 이상으로 줄었다는 보도가 들린다. 교회에서도 노인 단체들이 광릉수목원으로 야외 예배 겸 나들이로 나가게 되어 있지만 황사가 심해 건강상 빠지기로 하였다. 글감을 찾기 위해서는 많이 어울리고 다녀보고 찾아봐야 하건만 건강을 챙기는 것 또한 내 몫이기 때문이다.

금일 조간신문을 읽어보니 실내 미세먼지 제거에는 푸른 잎 나무를 평당 1개씩 놓아두는 것이 좋다고 했다. 현재 우리집 거실에는 실내 정화제 푸른 잎 나무가 십여 개가 있으니 충분하다는 생각이다.

아파트 베란다에서 자랄 때보다 거실에서 나와 함께 살고 있으니 신경을 많이 써 주어서인가, 아름드리로 퍼져 있는 것도 몇 개기 된다. 글을 읽다가도, 글을 쓰다가도 눈을 들면 마주쳐 오는 푸르름… 이곳이 실내라고 믿기질 않는다.

한쪽 벽에는 십자가가 있고 '오직 나와 내 집은 여호와를 섬기겠노라.'(여호수아 24:15) 성경 말씀이 있다. 현재 주어진 나만의 작업실이며 기도실이다. 나의 한평생 가장 만족한 서재이건만 너무 늙어 있다는 것이 한스럽다.

어릴 적에는 여러 남매들 속에서 나만의 공간이란 생각할 수도 없었고, 외지에서 하숙 생활을 할 때에도 나만의 독방은 아니었다. 친구들과 함께였다.

옛날 책이 좋아서 여름이면 모기장 속에 엎드려 등잔불 밝혀 놓고 밤이 새도록 수많은 책을 읽기도 했건만 기나긴 여행이란 세월은 기억력 상실, 귀머거리, 시력 저하 수많은 병 덩어리를 안고 살아야 하는 현실 속으로 데려다 놓았다.

금년 수필집에 실릴 글을 보내 달라는 전화를 받고 볼펜을 잡는다. 부족하지만 좋아했던 문학에 심취할 수 있다는 것은 축복이다. 파리만 날리고 앉아 있는 나만의 서재와 기도실이 아니길 기원한다.

(2018. 4)

\- 손녀 성은지 그림

어머니의 수필집을 기다리며

50번째 해가 시작되었다.

반백년의 세월을 걷기도 하고, 뛰기도 하고 그렇게 이 시간을 맞이하고 있다. 어머니가 걸어오신 시간은 어떠하셨을까?

언젠가 어머니가 두 주일에 한 번씩 오는 내게 악수 한번 하자고 하신다. 오랜만에 잡아본 어머니의 손. 83번의 해가 바뀌었다. 그 시간만큼이나 어머니의 손에 주름이 많아진 것이 느껴진다.

글 읽기를 좋아하시는 어머니, 글쓰기를 즐기시는 어머니. 어느덧 8년 동안 차곡차곡 모아온 글들을 한 권의 책으로 만들었다.

그동안 어머니의 수필들을 한 편씩 컴퓨터로 옮겨 적을 때마다 기억 안쪽에 있던 추억들을 하나하나 끄집어냈다. 외할아버님, 외할머님의 인자하신 모습들, 아버지와 어머니께서 조각 이불을 만드시던 모습, 촛불을 켜고 천 끝을 불로 그을리던 모습, 겨울철 앙꼬 찹쌀떡을 손수 만들어 주시던 어머니….

아이들의 졸업식 날이며, 태어나던 날의 추억들… 글을 적을 때마다 조용히 잠자던 추억들이 하나하나 따뜻하게 전해져 왔다. 그렇게 모아졌던 39편의 글을 어머니 몰래 팔순을 기념하여 아내와 상의해 수필집을 만들었었다. 아내의 회사에서 만들어진 50여 권의 책을 보면서 마음 한구석이 따뜻했다.

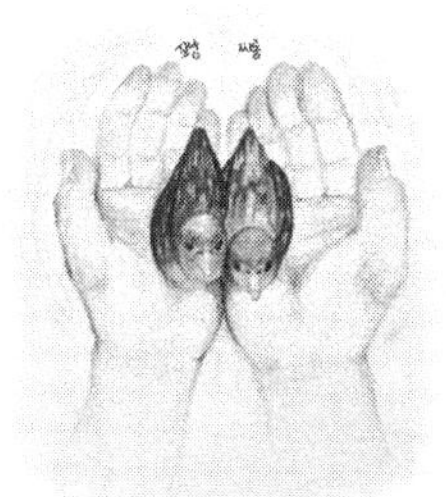

어머니의 글이 모아진 한 권의 책.

이제 다시 3년의 시간이 지나 더 많은 글들이 모여서 어머니의 수필집이 제 모습을 갖추고 세상에 나온다. 거실 어머니의 테이블에서 돋보기를 쓰시고 한 글자씩 써 내려가시던 모습을 볼 때만큼은 그 어느 순간보다 편안함을 느낄 수 있었다.

어릴 적 조각 이불을 만드시며 새벽 1시, 2시에 피곤한 몸을 누우시던 모습이 아직도 생생하다. 그렇게 우리를 위해 애쓰시며 걸어오신 83년의 시간….

이젠 하고 싶으신 글을 쓰시며 아름다운 추억만 생각하시며 지내실 만도 한데, 나라 걱정이며 환경 걱정이며 아직도 걱정할 것이 너무 많으신 어머니.

"엄마…, 이제 걱정거리들랑 조금만 아니, 생각하지 마시고 엄마 좋아하시는 글 읽으시며, 쓰시며, 보고 싶었던 추억들 많이 많이 떠올리세요. 그리고 아름다운 추억의 기억들 꺼내 주셔서 고맙습니다. 표현은 안 했지만, 엄마 글들이 제게는 최고로 멋진 글들입니다.

엄마, 사랑합니다…."

사랑하는 어머니의 수필집 출간을 진심으로 축하드리며….

2020년 6월　　아들 욱이가

안정현 수필집
행복한 그림

2020년 7월 20일 초판 인쇄
2020년 7월 25일 초판 발행

지은이 / 안정현
발행인 / 강병욱

발행처 / 도서출판 교음사
편집 / 隨筆文學社 出版部

03147 서울 종로구 삼일대로 457 수운회관 1308호
Tel (02) 737-7081, 739-7879(Fax)
e-mail : gyoeum@daum.net
등록 / 제2007-000052호

* 잘못된 책은 바꿔 드립니다. 값 12,000원

ISBN 978-89-7814-783-5 03810

이 도서의 국립중앙도서관 출판예정도서목록(CIP)은 서지정보유통지원시스템 홈페이지(http://seoji.nl.go.kr)와 국가자료공동목록시스템(http://www.nl.go.kr/kolisnet)에서 이용하실 수 있습니다.(CIP제어번호 : CIP2020030039)